D1677769

Wilfried Huismann

RENDEZVOUS MIT DEM TOD

Warum John F. Kennedy sterben musste

Pendo München und Zürich

Inhalt

Vorwort

In seinem Marmorpalast am Platz der Revolution sah sich Fidel Castro meinen Dokumentarfilm »Rendezvous mit dem Tod« an, den die ARD am 6. Januar 2006 ausgestrahlt hat. Was er sah, gefiel ihm offenbar nicht, denn prompt nutzte er einen Auftritt im staatlichen Fernsehen am 22. Januar 2006 dazu, um den Film zu kritisieren. Der Autor sei ein »schräger Vogel« aus Deutschland, der »auf Rechnung und auf Befehl der CIA« gearbeitet habe. Aus seinem Mund klingt das fast wie ein Lob. Immerhin hat der *máximo lider* bei seiner Schimpfkanonade mit keinem Wort meine Grundthese bestritten, nach der Lee Harvey Oswald als »revolutionärer Kämpfer« von Kuba eingesetzt wurde, um John F. Kennedy zu töten.

Auch Fidel Castros Getreue versuchten gar nicht erst, die sorgfältig zusammengetragenen Beweise, die in »Rendezvous mit dem Tod« präsentiert werden, zu widerlegen. Der kubanische KP-Funktionär Miguel de Padrón veröffentlichte am 25. Januar in der Zeitschrift *Cubadebate* einen noch schrilleren Verriss als den des Meisters: Autor Huismann sei ein Komplize der Terroristen und habe für sein Machwerk von der CIA eine Million Dollar bekommen. Das Drehbuch habe die exilkubanische Mafia in Miami geschrieben.

Castro brachte auch seine Diplomaten auf Trab. In mehreren Ländern erhielten die jeweiligen Fernsehanstalten Besuch vom kubanischen Botschafter, der sie mit Drohungen (Einreiseverbot für Journalisten) davon abzuhalten wollte, den Film ebenfalls zu zeigen.

All diese Bemühungen sind umsonst. Die bösen Geister der Geschichte kann man auf Dauer nicht einsperren. Kennedy starb in einem dramatischen, mit großer persönlicher Leidenschaft geführten Duell, aus dem Castro als Sieger hervorging. Vielleicht wird mancher Castros Tatmotiv ein Stück weit nachvollziehen können. Immerhin hatten die Kennedy-Brüder vor dem tragischen Finale in Dallas alles versucht, ihn ebenfalls ermorden zu lassen. Selbst nachdem Castro im Herbst 1963 eine Warnung nach Washington geschickt hatte, heuerte Justizminister Robert Kennedy einen von Castros Freunden an, um ihn zu vergiften. Lyndon B. Johnson erzählte die Tragödie texanisch schlicht in einem Satz: »Kennedy wollte Castro erledigen, aber Castro war schneller.«

Johnson trägt auch die Verantwortung dafür, dass Fidel Castro als Pate des Verbrechens ungestraft davongekommen ist. Als er wenige Stunden nach Kennedys Ermordung erfuhr, der Mörder Lee Harvey Oswald habe Kontakte zum kubanischen Geheimdienst gepflegt, war er schockiert. Wäre diese Tatsache in dem traumatisierten und aufgewühlten Amerika der damaligen Zeit bekannt geworden, hätte er Kuba militärisch angreifen und damit möglicherweise die Verantwortung für den Ausbruch des Dritten Weltkrieges tragen müssen.

Gemeinsam mit dem Bruder des toten Präsidenten, Robert Kennedy, entschloss er sich, die Hintergründe des Verbrechens zu vertuschen. Alle Ermittlungen in Richtung Kuba wurden eingestellt und auch die Warren-Kommission, die das Verbrechen untersuchen sollte, wurde absichtlich getäuscht.

Ich erfuhr zum ersten Mal davon, als ich im Sommer des Jahres 2000 den ehemaligen FBI-Agenten James Hosty kennen lernte, der Lee Harvey Oswald vernommen hatte. Seine Aussage öffnete mir die Tür zu einem der sorgsam gehüteten Staatsgeheimnisse der USA.

Wilfried Huismann, im Juli 2006

> *» Mit meiner Kuba-Politik habe ich eine*
> *Schlange an meinem Busen genährt, die*
> *mir sehr gefährlich werden kann. «*
>
> JOHN F. KENNEDY

Einleitung – Unter Krokodilen

Der erste Weg auf einer langen und abenteuerlichen Recherchereise führt durch ein sumpfiges Labyrinth. 100 Meilen durch den grünen flachen Dschungel der Everglades geht die Fahrt in Richtung Punta Gorda an der Westküste Floridas. Dort lebt der legendäre James Hosty, ein FBI-Agent, der Lee Harvey Oswald nach dem Mord an Kennedy persönlich vernommen hat. Ein Freund hat mir empfohlen, den alten Mann zu besuchen. Hosty habe eine unglaubliche Geschichte zu erzählen.

Links und rechts der Straße lauern Alligatoren und Krokodile. Zu hunderten liegen sie müde am Zaun, der sie davon abhält, über die vorbeiziehenden Autos herzufallen. Die Everglades sind ein sumpfiges Paradies aus Bauminseln mit Sumpfkiefern, Mangrovenwäldern, Magnolien, Lilien, Gras und Milliarden von Moskitos. Über allem ein makellos blauer Himmel. Die kaltblütigen Alligatoren blinzeln uns frustriert hinterher. Der Zaun macht all ihre Träume zunichte.

Special Agent Hosty

Er stellt sich mit »Special Agent James Hosty, FBI« vor, so als sei er noch im Dienst. Ein vierschrötiger, untersetzter Mann knapp über 80, dessen Stimme wie ein texanischer Sattel knarrt. Die

Linke kann er nicht ausstehen. Sie habe den Kennedy-Mord dazu benutzt, eine »Verschwörungsindustrie« aufzubauen und die Glaubwürdigkeit der amerikanischen Institutionen zu erschüttern.

Hosty hat den 22. November 1963 als nicht enden wollenden Albtraum in Erinnerung. Immer wieder habe er mit den Tränen kämpfen müssen, denn im Gegensatz zu den meisten seiner Kollegen verehrte er den Präsidenten: »Ich war Demokrat und irischer Katholik, wie er. Es war, als sei ein Verwandter gestorben.«

Die Sonne strahlte über Dallas, als er in der Mittagspause sein Büro verließ, um dem Autokorso des Präsidenten vom Bürgersteig aus zuzusehen. Einige Dinge missfielen ihm sofort: Das Verdeck des Lincoln war heruntergeklappt und nur ein Leibwächter fuhr in Kennedys Wagen mit. Die anderen Geheimagenten fuhren in einem Begleitwagen. »Verdammter Leichtsinn«, fuhr es ihm durch den Kopf. Aber es war nicht sein Job. Nachdem er

1 John F. Kennedy in Dallas, wenige Minuten vor seinem Tod am 22.11.1963

2 Special Agent James
Hosty am Tatort in Dallas
2005

einen kurzen Blick auf John F. und Jackie erhascht hatte, ging er in sein Lieblingslokal, das Oriental Café, und bestellte sich einen Käsesandwich, dazu einen Kaffee.

Um 12:29 Uhr erreicht der Lincoln des Präsidenten die Kreuzung von Main und Houston Street. Nellie Connally, die Frau des texanischen Gouverneurs, dreht sich auf ihrem Sitz herum und sagt: »Sie können nicht behaupten, dass Dallas Sie nicht liebt, Mr. President.« Die Uhr auf dem Hertz-Gebäude zeigt 12:30, als die Schüsse fallen.

Der erste Schuss geht daneben. Lee Harvey Oswald braucht drei bis vier Sekunden zum Nachladen. Der Kopf seines Opfers ist jetzt 60 Meter von ihm entfernt. Das zweite Geschoss vom Kaliber 6,5 Millimeter dringt in den Nacken ein, verletzt die rechte Lunge, durchschlägt die Luftröhre, tritt aus der Kehle aus und durchschlägt dann, durch den Aufprall ins Trudeln geraten, in einer Zickzackbewegung den Rücken, die Brust, das rechte Handgelenk und den linken Oberschenkel des vor Kennedy sitzenden Gouverneurs Connally (1). Der Präsident ist schwer verletzt, aber nicht tödlich.

Roy Kellermann, der persönliche Leibwächter Kennedys, sitzt auf dem Vordersitz und blickt den Fahrer der Limousine, William Greer, erstaunt an. Beide sind wie gelähmt und unfähig zu reagieren. Greer beugt sich über das Steuer und bremst sogar noch ab. Fünf Sekunden verstreichen ungenutzt, sie wären für ein schnelles Ausweichmanöver ausreichend gewesen. Fünf Sekunden sind für Oswald mehr als genug, um erneut nachzuladen und sein Opfer ins Visier zu nehmen. Er kann den Kopf Kennedys im Fadenkreuz seines Zielfernrohres deutlich erkennen, jetzt 80 Meter entfernt und nahezu unbewegt. Das Gewehr auf einer Kiste abgestützt, schießt er ruhig und sicher.

Die letzte Kugel ist tödlich. Sie durchschlägt den Schädel von hinten und reißt beim Austritt ein großes Loch in den vorderen rechten Teil des Kopfes. Jaqueline Kennedy, die sich ihrem Mann inzwischen zugewandt hat, sieht, wie sich ein gezacktes Stück

3 Das Hemd des ermordeten Präsidenten

von der Schädeldecke ablöst. Aus dem Loch im Kopf spritzen faustgroße Blut- und Gehirnklumpen. Der dadurch erzeugte Rückstoß schleudert den Kopf nach hinten, so dass der Eindruck entsteht, als sei Kennedy von vorn getroffen worden.

Special Agent James Hosty sitzt noch immer im Oriental Café, als die Kellnerin auf ihn zuläuft und mit Tränen in den Augen schreit: »Oh mein Gott, sie haben den Präsidenten erschossen.« Hosty hastet ins FBI-Büro zurück und bekommt den Befehl, alle stadtbekannten Rechtsradikalen zu überprüfen. Sie sind für das FBI die Hauptverdächtigen.

Um 14:15 Uhr wendet sich das Blatt. Hostys Chef packt ihn am Ellbogen und sagt: »Gerade ist ein Kerl verhaftet worden, Lee Oswald. Er hat einen Polizisten erschossen.« Agent Hosty ist schockiert, als er den Namen Oswald hört. Denn seit einigen Wochen liegt dessen Akte auf seinem Schreibtisch. Der Kommunist Lee Harvey Oswald und seine aus der Sowjetunion stammende Frau Marina gelten beim FBI als potentielle Spione. Um ihm auf den Zahn zu fühlen, war Hosty vor einigen Tagen sogar zu der Wohnung in Irving hinausgefahren, doch Oswald wohnte nicht mehr bei seiner Familie und seine Frau Marina kannte weder seine Adresse noch die Telefonnummer ihres Mannes.

Es dauert nur ein paar Sekunden, bis Hosty kombiniert hat: Oswald muss auch der Mörder Kennedys sein. Warum hätte er sonst einen Polizisten erschießen sollen, der nichts anderes getan hat, als ihn nach dem Ausweis zu fragen? Fieberhaft durchforstet Hosty jetzt die Akte Oswald noch einmal genau und entdeckt einen abgefangenen Brief, den Oswald vor wenigen Wochen an die sowjetische Botschaft in Washington geschrieben hat. Darin berichtete er von seiner Reise nach Mexico City, wo er die sowjetische und die kubanische Botschaft besucht habe. Hosty ahnt: dieser Brief ist explosiv und kann zu dramatischen internationalen Verwicklungen führen. Kurz vor 15 Uhr kommt der Befehl aus dem FBI-Hauptquartier, er solle sofort ins Polizeihauptquartier von Dallas fahren und an der Vernehmung Oswalds teilnehmen.

Kaltblütig

Um Punkt 15:15 Uhr betritt Hosty das Vernehmungszimmer. Das Verhör wird von Will Fritz, dem Chef der Mordkommission, geleitet. Oswald, der bis zu diesem Moment trotz seiner gefesselten Hände lässig auf einem Holzstuhl gesessen hat, bekommt einen Wutanfall und schreit Hosty an: »Sie sind also der Agent, der meine Frau belästigt hat. Sie ist russische Staatsbürgerin und lebt legal in diesem Land. Das FBI ist nicht besser als die deutsche Gestapo.«

Einen Tonbandmitschnitt gibt es davon leider nicht. Die Polizei von Dallas besaß kein Tonbandgerät, weil es in Texas nicht üblich war, Vernehmungen aufzuzeichnen. Hosty machte sich Notizen, während Captain Fritz die Vernehmung fortsetzte.

Hosty erinnert sich, dass Lee Harvey Oswald sehr gefasst und kaltblütig war. Er ließ die Vernehmungen ungerührt über sich ergehen, manche Fragen beantwortete er nur mit einem

4 Lee Harvey Oswald nach seiner Festnahme

5 James Hosty 1963

»höhnischen Grinsen«, so Hosty. Er bestritt, den Präsidenten und den Polizisten Tippit getötet zu haben, oder auch nur ein Gewehr zu besitzen. Als Kennedy am Schulbuchlager vorbeigefahren sei, habe er sich gerade im Lunchraum im ersten Stock aufgehalten und eine Cola getrunken. Dann fragte Captain Fritz nach Oswalds Aktivitäten im *Fair-Play-für-Kuba-Komitee*. Oswald nickte in Hostys Richtung und sagte: »Warum fragen Sie nicht Agent Hosty?«

Captain Fritz, der die ganze Zeit über seinen weißen Cowboyhut aufhatte, war über den Verlauf der Vernehmung frustriert und wollte von Hosty wissen, ob er noch weitere Fragen habe. Hosty ging aufs Ganze: »Ich forderte Fritz auf, Oswald zu fragen, was er vor sechs Wochen in Mexiko getan habe. Oswald wurde unruhig und sagte: ›Ich war nie in Mexico City. Wie kommen Sie überhaupt darauf? Ich bin niemals dort gewesen.‹ Ich sah, dass er zu schwitzen begann und wusste, ich hatte den wunden Punkt getroffen. Für mich war in diesem Augenblick klar: Wenn wir dieses Verbrechen aufklären wollen, müssen wir in

Mexiko suchen. Was hat Oswald dort sechs Tage lang gemacht und mit wem hat er sich getroffen?«

Zum Ärger von Agent Hosty wurde die Vernehmung an dieser Stelle unterbrochen, um Oswald einigen Augenzeugen gegenüberzustellen, die ihn als Mörder des Polizisten Tippit identifizierten. Während dieser Verhörpause ging Hosty auf dem Flur auf und ab, als plötzlich einer seiner Vorgesetzten vom FBI auftauchte: »Es war Harlan Brown. Er hatte einen neuen Befehl für mich: ›Hosty, Sie werden nicht mehr in den Verhörraum zurückkehren und Sie werden der Polizei von Dallas nichts von dem mitteilen, was wir über Oswald wissen, verstanden!‹ Ich war entsetzt, aber ich gehorchte. Offenbar war die erste Anweisung des Hauptquartiers aufgehoben worden. FBI-Direktor Edgar Hoover hatte jetzt die Regie übernommen.«

Meuterei in Mexiko

Wie ging die Geschichte weiter? Hat das FBI jemals herausgefunden, was Oswald ein paar Wochen vor dem Attentat in Mexiko gemacht hat? Hosty nickt und schüttelt gleich darauf den Kopf: »Es gab sogar eine gemeinsame Gruppe von FBI und CIA, die im November 1963 in Mexiko ermittelte, um Oswalds Bewegungsprofil dort zu erstellen. Die Spuren waren noch frisch damals und es zeigte sich, dass sie nach Kuba führten. Als das klar wurde, gab die Regierung in Washington den Befehl, die Ermittlungen sofort abzubrechen. Die Ermittler waren fassungslos und meuterten. Erst als Justizminister Robert Kennedy den Befehl bestätigte, gehorchten sie und brachen ihre Mission in Mexiko ab.«

James Hosty ist ein aufrechter Mann und wirkt sehr glaubwürdig. Und doch kommt mir seine Geschichte abenteuerlich vor. Warum sind die Spuren, die nach Mexiko und Kuba führten, nicht weiterverfolgt worden? Warum sollte ausgerechnet die

US-Regierung das verhasste Revolutionsregime in Havanna verschont haben? Das klingt unlogisch, denn Fidel Castro war schon damals der ausgewiesene Lieblingsfeind der USA.

James Hosty lässt sich mit einer Antwort Zeit, politische Spekulationen sind ihm nicht geheuer: »Ich glaube, in Washington hatten sie einfach Angst. Wenn Castro dahintersteckte, dann hätte die öffentliche Meinung Präsident Johnson dazu gezwungen, Truppen nach Havanna zu schicken. Chruschtschow wäre unter dem Druck seiner Generäle nichts anderes übrig geblieben, als Fidel zu helfen. Johnson wollte keinen Atomkrieg riskieren. Er sagte, dann würden Millionen Amerikaner sterben.«

Agent Hostys Geschichte ließ mir keine Ruhe mehr. Markiert sie vielleicht den letzten weißen Fleck auf der Forschungslandkarte zum Mordfall Kennedy? Andererseits: Sind nicht alle Wege und Sackgassen bei der Suche nach der Wahrheit schon tausendfach durchschritten worden? Selbst wenn es stimmt, dass Mexiko ein weißer Fleck ist, wie soll man nach über vierzig Jahren aufklären, wo sich Oswald in Mexiko herumgetrieben und wen er damals getroffen hat?

So viele Forscher und Historiker haben sich am Thema JFK die Zähne ausgebissen, manche haben dabei sogar ihren gesunden Menschenverstand verloren und sind doch zu keinem schlüssigen Ergebnis gekommen. Ein tückisches Labyrinth, dem man fernbleiben sollte, wie den Sümpfen der Everglades mit ihren gefräßigen Alligatoren.

Außerdem störte Hostys Geschichte mein Weltbild. Wie die meisten Menschen war ich davon überzeugt, dass John F. Kennedy das Opfer einer rechtsradikalen, mafiösen und irgendwie von der CIA gesteuerten Verschwörung geworden war.

Ich nahm mir fest vor, mir meine geistige Gesundheit zu erhalten und Hosty keinen Glauben zu schenken. Zwei Jahre lang klappte das auch ganz gut, aber die Neugier war stärker. Anfang 2003 brach ich auf Oswalds Spuren zu einer ersten Reise nach

Mexico City auf. Voller Zweifel und Neugier. Würde es gelingen, die verlorenen Spuren des Attentäters wieder zu finden und damit der Lösung eines der großen Rätsel des zwanzigsten Jahrhunderts näher zu kommen?

> *»Im Mordfall Kennedy ist Mexiko die*
> *Büchse der Pandora.«*
>
> LAURENCE KEENAN, FBI

1.
Spuren in Mexiko

Unten liegt Mexico City im grau-gelben Smog. Schon seit zehn Minuten überfliegen wir ein riesiges Häusermeer. Anfang und Ende der größten Stadt der Welt sind nicht zu erkennen. 26 Millionen Menschen leben in diesem Hexenkessel. Wie soll man darin die Spuren eines schmächtigen Mannes finden, der hier vor über vierzig Jahren mit einem Bus aus New Orleans ankam, um sich als »Soldat der Revolution«, wie er beim Abschied zu seiner Frau Marina gesagt hatte, zu verdingen? Genauso gut könnte man eine Nadel im Heuhaufen suchen. Denn die FBI-Ermittler haben nicht sehr viele Erkenntnisse hinterlassen. Sie bekamen heraus, mit wem Lee Harvey Oswald im Bus nach Mexico City saß, dass er im Hotel *Comercio* abstieg, in der kubanischen Botschaft einen Visumantrag stellte und wahrscheinlich einen Stierkampf besuchte. Ansonsten verlieren sich Oswalds Spuren im Nichts. Sechs Tage seines Lebens, verschwunden im schwarzen Loch der Zeitgeschichte.

Mexikos Stadtbild wird von grün-weißen VW Käfern beherrscht. Es sind Taxen, hierzulande liebevoll *vochos* genannt. Sie quälen sich zu hunderttausenden durch die Staus, unverwüstlich und zäh, so wie ihre Besitzer. Laura, eine gute mexikanische Freundin, hindert mich erfolgreich daran, eines dieser praktischen Transportmittel zu besteigen, um auf dem schnellsten

Wege zu Oswalds Hotel in der Calle Sahagún zu kommen. »Viel zu gefährlich«, behauptet sie und erzählt mir Geschichten von europäischen Touristen, die von Taxifahrern verschleppt, ausgeraubt und sogar getötet worden seien. Erst als ich ihr versprochen habe, niemals so ein Teufelsgefährt zu besteigen, lädt sie mich in ihren VW-Jetta, tritt das Gaspedal bis zum Anschlag durch und steuert zielsicher einen imaginären Punkt an, während sie gleichzeitig auf mich einredet, um mir die Gefahren der Metropole einzuschärfen. Wir fahren ungefähr eine Stunde im Kreis, bis Laura beschließt, einen Straßenpolizisten zu fragen, wo denn die Calle Sahagún zu finden sei. Der verzieht missbilligend das Gesicht und sagt: »Nach rechts und dann immer geradeaus.« Laura reißt das Steuer energisch nach links und kommentiert meinen ratlosen Blick mit den Worten: »Jeder weiß doch, dass mexikanische Polizisten rechts und links nicht voneinander unterscheiden können, also mache ich genau das Gegenteil von dem, was er sagt.«

Als das Rot der Sonne mit dem Schwarz der Nacht verschmilzt, stehen wir endlich vor dem Hotel *Comercio*, ganz in der Nähe der Metrostation *Revolución*. Ein Blick auf den Stadtplan verrät mir: Mit dem Taxi wären es höchsten 10 Minuten gewesen. »Aber«, kontert Laura, »bei meiner Methode bist du immerhin am Leben geblieben.« Dagegen ist nun wirklich kein Einwand möglich. Das Viertel voller fliegender Händler, Zuhälter, Huren und Drogendealer gilt als unsicher. Selbst der kleine Getränkekiosk neben dem Hotel ist mit dicken Eisenstangen verbarrikadiert. Nachfrage bei der verstört wirkenden Empfangsdame des Hotels. Sie zuckt mit den Schultern und wirft einen ängstlichen Blick in Richtung Treppe. Sie selbst habe Oswald nicht gekannt. Nur der Besitzer des Hotels, Herr Guerrero, dürfe zu diesem Thema Auskunft geben. Der sei schon 1963 Eigentümer des Hotels gewesen. Im Moment sei er aber auf Auslandsreise und niemand wisse, wann er wiederkomme.

Im Hintergrund lärmen ein paar Huren mit ihren Freiern. Das *Comercio* ist heute ein schäbiges kleines Stundenhotel, am Rande der Legalität. Ein Zimmer kostet hier 6,50 Dollar, zu Oswalds Zeiten waren es nur 1,28. Filmen und Fotografieren, so belehrt mich die Empfangsdame, seien in diesem Hotel grundsätzlich verboten. Es wird fast ein Jahr Verhandlungen und eine hübsche Stange Geld kosten, bis wir endlich das Zimmer Nummer 18 betreten und auch filmen dürfen. Die spartanische Einrichtung der sechziger Jahre: Abgewetzte Möbel in rötlichem Holz mit schwarzen, von Zigaretten eingebrannten Löchern. Das Zimmer ist dunkel, mit Fenster zum Hof. Nur die Holzvertäfelung sei neu, so die Empfangsdame. Sonst ist alles so wie zu Oswalds Zeiten. Hier also hat der Mörder Kennedys gewohnt.

Silvia Durán

Am 27. September 1963 kam er am Vormittag gegen 10 Uhr im Hotel an, um sich gleich darauf in die kubanische Botschaft aufzumachen. Dort traf er auf Silvia Durán, die seinen Visumantrag für Kuba entgegennahm. Silvia Durán war eine mexikanische Kommunistin, die für die Kubaner arbeitete und das unbedingte Vertrauen des Botschafters genoss. »Revolutionär und sexy« sei sie gewesen, so der ehemalige US-Söldner Gerry Hemming, der an Fidel Castros Seite kämpfte und Silvia Durán 1962 kennen lernte.

Silvia Durán wurde für die kubanische Regierung, aber auch für die Warren-Kommission, die das Attentat untersuchte, eine Art Kronzeugin für Oswalds Aufenthalt in Mexiko. Immer wieder erzählte sie die gleiche Geschichte: Oswald verlangte ein Visum für Kuba und zwar sofort. Er gab sich als amerikanischer Kommunist mit großen Verdiensten für die kubanische Revolution aus. Sie habe ihm gesagt: Visumsanträge werden in Havanna entschieden. Er müsse warten, wie alle anderen auch.

Aber da er schon einmal in der Sowjetunion gelebt habe, könnte sie ihm den Rat geben, zur nahe gelegenen Botschaft der Sowjetunion zu gehen, um dort ein Visum zu beantragen. Sollte er es bekommen, dann würde sie ihm sofort ein Transitvisum für Kuba geben. Doch die Sowjets wollten Oswald nicht wiederhaben und sagten »njet«. Was sollte sie tun: Sie habe ihn bei seinem zweiten Besuch abweisen müssen. Als er wütend wurde, habe der Konsul ihn hinausgeworfen.

Das Drama um das Oswald verwehrte Visum scheint ein Beweis dafür zu sein, dass die Kubaner nichts mit ihm zu tun haben wollten. Die Frage ist nur, ob die Geschichte wirklich so passiert ist, oder ob sie eine geheimdienstliche Fabrikation ist. Eine falsche Spur, um von den wirklichen Vorfällen in der Botschaft abzulenken? Silvia Duráns Aussage ist nie überprüft worden. Außer den Funktionären der kubanischen Botschaft gab es keine Zeugen.

6 Silvia Durán 1963

Heute wohnt Silvia Durán in einer geschlossenen gutbürgerlichen Wohnanlage in der Nähe der Autonomen Universität von Mexico City, gut bewacht von einem privaten Sicherheitsdienst. Keine Chance, auch nur in die Nähe ihrer Wohnung zu kommen. Am Telefon ist sie freundlich und abweisend. Nein, ein Interview zum Thema Oswald komme nicht in Frage. Oswald sei für sie das »größte Trauma« ihres Lebens gewesen, das sie auf keinen Fall reaktivieren wolle. Die mexikanische Geheimpolizei verhaftete sie nach dem Mord an Kennedy und die ganze Familie habe sehr darunter gelitten. Sie habe damals alles gesagt, was sie wisse: Oswald sei bei seinem zweiten Besuch in der Botschaft so unverschämt und laut geworden, dass Konsul Azcue ihn schließlich hinausgeworfen hätte. Dann fügt sie von sich aus hinzu, als ob sie sich selbst vergewissern müsste: »Ich habe keinen privaten Kontakt zu ihm gehabt, nicht den geringsten. Schließlich war ich eine verheiratete Frau und mit einem Verrückten wie Oswald hätte ich mich niemals eingelassen. Ich habe ihn nie wieder gesehen.«

Soweit Silvia Duráns Geschichte. Alle beteiligten Regierungen waren mit ihrer Erklärung zufrieden: die mexikanische, die kubanische und die der USA. Auch die Warren-Kommission, die im Dezember 1963 damit begann, den Mordfall Kennedy zu untersuchen. Genauer gesagt bemerkten die ehrwürdigen Mitglieder der von Präsident Johnson eingesetzten Kommission nicht, dass sie von der CIA in die Irre geführt wurden. Denn die Belege über mögliche Kontakte Oswalds zum kubanischen Geheimdienst wurden ihr vorenthalten. Ein inzwischen freigegebenes Geheimtelegramm beweist das. Es wurde vom Direktor der CIA am 20. Dezember 1963 an die CIA-Station in Mexiko geschickt: »Unser Plan ist es, die abgehörten Telefonate aus dem Bericht für die Warren-Kommission zu entfernen. Wir werden uns stattdessen auf die Aussagen von Silvia Durán beziehen ... Das was sie und andere (kubanische) Botschaftsfunktionäre über Oswalds Besuche gesagt haben, soll als wertvolles Beweismaterial gesehen werden.« (2)

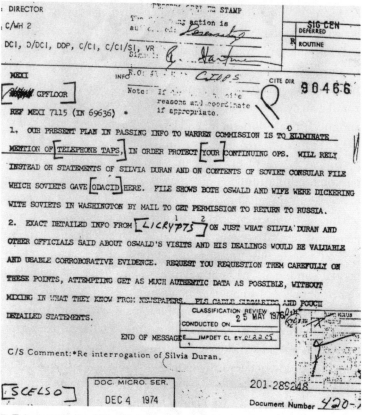

7 Telegramm des CIA-Direktors vom 20. 12. 1963

Bei den Tonbandmitschnitten, die auf Anweisung des CIA-Chefs
entfernt wurden, ging es um Telefonate von Lee Harvey Oswald,
die er mit der kubanischen Botschaft in Mexico City geführt
hatte. Die Bänder sind bis heute verschwunden. In den siebziger
Jahren, als ein unabhängiger Untersuchungsausschuss den
Mordfall Kennedy noch einmal aufrollte, teilte CIA-Chef Richard Helms den verdutzten Parlamentariern kühl mit, die Bänder mit den abgehörten Telefonaten seien »aus Versehen« ge-
löscht worden.

Oswalds mögliche Kuba-Connection wurde in den USA zu einer Art Staatsgeheimnis. Alle Hinweise auf eine kubanische Verwicklung verschwanden und alle Zeugen, die etwas anderes zu sagen hatten als Silvia Durán, bekamen Probleme. Zum Beispiel Pedro Gutiérrez, ein mexikanischer Kreditvermittler, der zufällig an dem Tag in der kubanischen Botschaft in Mexico City zu tun hatte, als dort auch Lee Harvey Oswald auftauchte.

Unliebsame Zeugen

Vor der Reise nach Mexiko habe ich bei Recherchen im Nationalarchiv der USA einen Brief gefunden, den der Mexikaner Pedro Gutiérrez am 2. Dezember 1963 an den neuen US-Präsidenten Lyndon B. Johnson geschrieben hatte. Gutiérrez wollte eine wichtige Zeugenaussage im Mordfall Kennedy machen. Er stellte sich dem amerikanischen Präsidenten als Kreditvermittler des Kaufhauses El Palacio de Hierro vor. Im September 1963 habe er die Kreditwürdigkeit eines Angestellten der kubanischen Botschaft in Mexiko untersucht und sei deswegen mehrmals dort gewesen.

Er erinnere sich, am 30. September, vielleicht war es auch der 1. Oktober, in der Botschaft auf einen Nordamerikaner gestoßen zu sein, den er später auf den Zeitungsfotos eindeutig als Lee Harvey Oswald identifizieren konnte. Er wurde Augenzeuge, wie Oswald gemeinsam mit einem kubanischen Funktionär die Botschaft verließ. Dabei habe Oswald ein Bündel mit Dollar in der Hand gehabt, die er abzählte. Er und der Kubaner waren in ein erregtes Gespräch vertieft. Einige Wortfetzen habe er mithören können, erinnert sich der Zeuge Gutiérrez in seinem Brief an Präsident Johnson: »Es ging um Castro, Kuba und Kennedy. Die beiden gingen auf die Straße, stiegen in ein Auto und verschwanden aus meinem Blickfeld. Aus diesem Grund, sehr geehrter Herr Präsident, glaube ich, dass das Attentat gegen Präsident Kennedy

8 Pedro Gutiérrez' Brief an Präsident Johnson

nicht das persönliche Werk eines Fanatikers war, sondern dass es von Fidel Castro befohlen wurde.« (3)

Abschließend bittet der Zeuge darum, seine Aussage »strikt vertraulich« zu behandeln. Es folgen die Unterschrift, ein Fingerabdruck und ein Passfoto, dass der Briefschreiber mit braunem Klebeband unter seiner Unterschrift befestigt hat.

Das Weiße Haus beauftragte das FBI, den Zeugen Gutiérrez unter die Lupe zu nehmen. Viermal wurde er von FBI-Beamten vernommen. Die Vernehmungen und auch Befragungen von Nachbarn und Kollegen brachten das FBI zu dem Urteil, der Zeuge sei »sehr glaubwürdig und ernsthaft«. (4) Trotzdem wurde die Spur nicht weiterverfolgt. Im Gegenteil. Die CIA nahm sich des Zeugen an und übergab ihn an die mexikanische Geheimpolizei. Was die mit dem Zeugen Gutiérrez angestellt hat, weiß niemand. Jedenfalls war er hinterher ein anderer Mensch und wollte sich an nichts mehr erinnern. Als der Untersuchungsausschuss *Politische Morde (House Select Committee on Political Assassination, HSCA)* des US-Kongresses im Jahr 1978 nach Mexiko flog, um Pedro Gutiérrez erneut zu vernehmen, widerrief der seine ursprüngliche Zeugenaussage. (5)

Der Untersuchungsausschuss hakte nicht weiter nach. Er stellte sich auch nicht die Frage, warum Gutiérrez sich an nichts mehr erinnerte. Im Jahr 1978 hatte keiner der Abgeordneten und Ermittler des Untersuchungsausschusses ein ernsthaftes Interesse daran, Spuren nach Havanna zu verfolgen. Niemand konnte oder wollte sich vorstellen, dass Fidel Castro so verrückt gewesen sein könnte, Lee Harvey Oswald als Auftragsmörder anzuheuern.

Ich berate den Fall Gutiérrez mit meinem mexikanischen Kollegen Mauricio Laguna Bérber. Er gehört seit heute zum Rechercheteam, frisch rekrutiert. Ich bin durch einen seiner Artikel in der mexikanischen Zeitschrift *Crisis* auf ihn aufmerksam geworden. Eine brillante Arbeit über den schmutzigen Krieg des mexikanischen Geheimdienst DFS *(Dirección Federal de Seguridad)* gegen die Opposition in den sechziger Jahren. Mauricio ist einer der besten investigativen Journalisten Mexikos und sofort bereit, mitzuarbeiten. Wir treffen uns auf der Terrasse des Hotels *Majestic*, im Herzen der Stadt.

Unter uns einer der größten Plätze der Welt, der *Zócalo*. In seiner Mitte flattert die riesige Nationalflagge hoch im Wind. Auf der anderen Seite des Platzes der lange und flache Nationalpalast, im Jahr 1523 von den spanischen Eroberern auf den Ruinen der Aztekenhauptstadt Tenochtitlán errichtet. In der Ferne wächst aus dem grauen Dunst der Metropole 5000 Meter hoch und stolz der Vulkan Popocatepetl. Es ist noch früh am Abend, doch schon zieht die Kälte eisig in die Hosenbeine. Denn die Stadt liegt auf 2300 Meter Höhe. Um uns aufzuwärmen, bestellen wir einen sieben Jahre alten Tequila.

Wir entscheiden uns dafür, den Fall Pedro Gutiérrez noch einmal aufzurollen. Irgendetwas ist mit seinem Widerruf von 1978 faul. Lebt der Mann noch – und wie können wir ihn finden? Gleich morgen früh wollen wir zu der Adresse fahren, die Pedro Gutiérrez damals in seinem Brief an Präsident Johnson angegeben hat.

Die Calle Florida liegt gleich hinter der Stierkampfarena, mit 60 000 Plätzen die größte der Welt. Das Haus Nummer 9 ist eine Mietskaserne im Stil der fünfziger Jahre. »Untere Mittelklasse«, konstatiert Mauricio nach einem abschätzenden Blick. Am Haupteingang herausgerissene Klingelknöpfe. Die Klingeln, die noch da sind, verfügen über Außenleitungen, die wie Efeu an der Mauer in die Höhe klettern, um dann in den Fenstern zu verschwinden. Kein Klingelschild mit dem Namen Gutiérrez.

Als eine Frau mit zwei Dobermännern das Haus verlässt, können wir hineinschlüpfen. Wir finden die in Gutiérrez' Brief angegebene Wohnungsnummer im dritten Stock. Sie liegt zum Innenhof. Die Fenster sind mit Vorhängen zugezogen. An der Tür kleben Bildchen von Heiligen und von der Jungfrau Maria. Niemand öffnet, als wir klopfen, aber drinnen sind schlurfende Schritte zu hören. Also ist jemand da, will aber nicht aufmachen. Erst als ich mich auf die christliche Barmherzigkeit und auf die weite Reise berufe, die wir hinter uns haben, öffnet sich die Tür einen winzigen Spalt. Eine Frauenstimme erklärt: »Sie haben sich geirrt. Hier wohnt kein Pedro Gutiérrez. Wir kennen ihn nicht.«

Wir gehen enttäuscht weg. Doch unten an der Treppe entdecken wir auf dem Fenstersims einen Haufen Briefe – Post für die Hausbewohner, die in Ermangelung eines Briefkastens hier abgelegt wurden. Beim Durchblättern entdecke ich einen Brief an Pedro Gutiérrez – mit der alten Wohnungsnummer. Zurück zur Tür. Diesmal verlangen wir ohne katholische Höflichkeitsfloskeln Auskunft: Wo ist Pedro Gutiérrez?

Die Frau hinter der Tür gibt kleinlaut zu, sie sei Blanca Lopez, die Enkelin des Gesuchten, ihr Großvater wohne aber nicht mehr hier. Wir erklären unser Anliegen. Sie zögert immer noch, die Tür zu öffnen. Offenbar hat sie Angst. Sie will mit der Geschichte nichts zu tun haben, denn wegen seiner Aussage über Lee Harvey Oswald habe ihr Großvater schon eine Menge »Probleme« bekommen. »Schreiben Sie ihm einen Brief. Dann bekommen Sie eine Antwort.« Das ist immerhin etwas. Doch unser Brief bleibt unbeantwortet und die Tür zu der Wohnung wird sich nicht wieder öffnen. Wir observieren das Haus wochenlang.

Eines Abends hat Mauricio Glück. Er trifft die Enkelin vor dem Haus, als sie gerade hineingehen will. Sie wirkt erschrocken und ängstlich. Doch aus Respekt vor unserer Hartnäckigkeit, oder vielleicht auch nur aus Mitleid, fasst sie sich ein Herz und erklärt, warum ein weiteres Warten keinen Sinn hat: Ihr Großvater habe sich entschieden, nicht mit uns zu sprechen. Niemand könne ihn von dieser Entscheidung abbringen. Was, so hakt Mauricio nach, hat Pedro Gutiérrez im Jahr 1978 bewogen, seine ursprüngliche Zeugenaussage zu widerrufen?

»Er bekam Probleme.«

Als Mauricio nachfragt, um welche Probleme es sich handelte, kommt eine überraschende Antwort:

»Nicht lange, nachdem er an Präsident Johnson geschrieben hatte, bekam er Besuch von kubanischen Agenten, die ihn einschüchterten. Sie wollten, dass er seine Aussage zurückzieht, sonst würde es ihm schlecht ergehen. Sie drohten damit, ihn zu töten. Er entschloss sich, das Land zu verlassen und ging in die USA, um dort unter einem anderen Namen zu leben. Ich darf Ihnen nicht sagen, wo er jetzt ist. Bitte kommen Sie nicht wieder. Mein Großvater ist über neunzig Jahre alt und möchte in Ruhe sterben.«

Oscar Contreras

Warum wurde der Zeuge Gutiérrez eingeschüchtert, was machte seine Aussage so gefährlich? Ging es anderen Mexikanern, die Kontakt mit Oswald hatten, ähnlich? Wir müssen weitere Zeugen finden. In den Akten des Untersuchungsausschusses *Politische Morde* aus dem Jahr 1978 taucht noch ein Name auf, der für unsere Spurensuche interessant werden könnte: Oscar Contreras, Führer einer revolutionären Studentengruppe, des *Bloque Revolucionario*. Als Student der Autonomen Universität Mexiko soll er angeblich Kontakt mit Lee Harvey Oswald gehabt haben. Aber der Untersuchungsausschuss zum Mord an Kennedy hat ihn nie dazu befragt.

Zwar reisten Mitglieder des Untersuchungsausschusses 1978 nach Mexiko, um diesen wichtigen Zeugen zu vernehmen, doch die US-Ermittler warteten vergebens im Hotel, bis sie von den mexikanischen Behörden die Information bekamen, der Zeuge Contreras sei nicht auffindbar. Mit dieser Auskunft ließen sich die Abgeordneten aus Washington abspeisen und reisten unverrichteter Dinge wieder zurück. Vielleicht haben wir mehr Glück.

Laura stellt Kontakt zu einigen Freunden her, die in den sechziger Jahren als Studenten in revolutionären Gruppen aktiv waren. Aus den Revoluzzern von einst sind inzwischen wohlsituierte Anwälte, Filmproduzenten und Journalisten geworden. Gerne erinnern sie sich an die Zeit der Unschuld, als die Weltrevolution in verrauchten Hinterzimmern geplant wurde, mit schönen Frauen und Litern von Tequila. Oscar Contreras? Ja, an den kann man sich erinnern. Ein ganz verwegener Bursche. Einmal kletterte er auf die Statue Miguel Alemans mit den Hosentaschen voller Sprengstoff, den er einem Bauarbeiter abgekauft hatte. Aleman war ein ehemaliger Präsident des Landes und als »Lakai des US-Imperialismus« ein Hassobjekt der Linken. Oscars Sprengladung habe der Statue auf dem Gelände der Autonomen Universität Mexikos ein formidables Loch verpasst, aber sie blieb noch einige Tage stehen, bevor ihr der Aktivist einer konkurrierenden Gruppe mit einer zweiten Ladung Dynamit den Rest gab.

Oscar Contreras sei damals in den Norden Mexikos, in die Provinz Tamaulipas, ausgewandert, um sich vor dem Terror der Geheimpolizei in Sicherheit zu bringen. Ein paar Anrufe genügen und wir haben ihn gefunden: Er arbeitet heute als Redakteur der Provinzzeitung *El Mañana* in Reynosa, einer Grenzstadt zu Texas. Am Telefon wird er recht wortkarg, als ich den Grund meines Besuches erwähne. »Warum kommen Sie jetzt, so viele Jahre danach? Ich will keine Probleme.« Aber nun gut, wo ich schon einmal so weit gereist sei. Dann erzählt er mir, dass er 1978 von der Polizei informiert wurde, der US-Untersuchungsausschuss sei im Anmarsch und wolle ihn vernehmen. Die Herrschaften seien dann aber doch nicht aufgetaucht. Offenbar hat irgendjemand erfolgreich versucht, die Zeugenaussage von Oscar Contreras zu hintertreiben. Das macht uns nur noch neugieriger auf das Treffen mit ihm.

Wir fliegen nach Monterrey, einer aufblühenden Industriemetropole im Norden Mexikos. Von hier aus sind es noch drei Stunden Autofahrt durch die versteppte Pampa: Flaches Buschland, ausgedehnte Ranchos, am Straßenrand bis an die Zähne bewaffnete Militärposten auf der Suche nach Drogentransporten. Dann tauchen die ersten Ölraffinerien auf: Reynosa, von der viele Mexikaner sagen, sie sei die hässlichste Stadt des Landes.

Nach Feierabend sind die Straßen leer und abgedunkelt. Die Menschen hier haben Angst vor den *maras*, bewaffneten Drogenbanden, die einander und den Staat bekämpfen – im Streit um die besten Drogenrouten in den Norden. In schwarzen Limousinen patrouillieren sie durch die Städte und beherrschen ganze Landstriche. Die Mitglieder der gefährlichsten Bande sind an ihrer Tränen-Tätowierung erkennbar. Jede auf dem Arm oder im Gesicht eintätowierte Träne bedeutet einen absolvierten Mord.

»Verhältnisse wie in Kolumbien« – das ist die erste Bemerkung des Zeitungsjournalisten Oscar Contreras, als er zum verabredeten Treffpunkt im Zentralpark mit seinem Leibwächter Andrés auftaucht. Es sei für ihn zu gefährlich, allein in der Stadt unterwegs zu sein. Erst vor einer Woche ist eine Kollegin, die Rundfunkreporterin Dolores Guadalupe Escamilla, von der

9 Oscar Contreras 2005

Drogenmafia auf offener Straße erschossen worden. Die Regierung hat vor wenigen Wochen eine Sondereinheit der Armee mit 540 Mann in die Stadt verlegt, um die Autorität des Staates wiederherzustellen, bislang vergebens.

Während des Gesprächs wandert Oscar Contreras Blick ständig umher, von der Tür zum Fenster und zurück. Er wirkt wie ein gehetztes Tier, in ständiger Angst vor dem Schuss aus dem Dunkeln. Überall, sagte er, hätten die Drogengangster Verbündete und Spitzel, in den Behörden, bei der Polizei und auch in den Redaktionen der Zeitungen. Sie haben die Gesellschaft wie ein Krebsgeschwür durchsetzt. Wer sich als Journalist nicht kaufen lässt, hat kaum eine Chance. Was treibt ihn an, mit seiner journalistischen Arbeit weiterzumachen? »Man muss sein Scherflein beitragen und darf nicht weglaufen«, sagt er leise und hebt resigniert die Achseln.

Nach meinem Anruf, so Oscar Contreras, habe er drei andere ehemalige Genossen seiner Gruppe informiert. Sie waren damals bei dem Treffen mit Oswald dabei. Aber keiner der drei will darüber sprechen: »Sie haben Angst. Oswald ist ein Tabu, ein unerwünschter Toter.«

An einem Tag Ende September 1963 verteilten die vier Aktivisten des *Bloque Revolucionario* Flugblätter in der Cafeteria der Philosophischen Fakultät, als vor ihnen unvermittelt ein unscheinbarer Gringo mit einer Reisetasche auftauchte. Oscar Contreras erinnert sich an die ersten Worte des Nordamerikaners:

»Er stellte sich als Lee Harvey Oswald vor. Er sei ein amerikanischer Revolutionär und Vorsitzender einer Kuba-Solidaritätsgruppe in New Orleans. Man habe ihm empfohlen, mich anzusprechen, da ich ihm vielleicht helfen könnte, nach Kuba weiterzureisen. Dorthin wollte er unbedingt, um die Revolution zu unterstützen. Aber in der kubanischen Botschaft hätte er kein Visum bekommen, jedenfalls nicht sofort, worüber er sehr enttäuscht war. Oswald verstand die Gründe nicht, denn schließlich habe er viel für Kuba geleistet.

Er war uns zuerst sympathisch, weil er dieselben politischen Ideen hatte wie wir. Er sprach ein gebrochenes Spanisch, war höflich und ruhig.«

»Wie lange waren Sie mit ihm zusammen?«, frage ich ihn.

»Den ganzen Nachmittag und dann am nächsten Vormittag.«

»Und wo blieb er in der Nacht?«, will ich wissen.

Oscar Contreras zögert mit der Antwort, bevor er sich entschließt, ein kleines Geheimnis preiszugeben. Eigentlich dürfe er das nicht erzählen, das habe man damals unter den Genossen ausgemacht. Doch dann rückt er doch damit heraus: Oswald verbrachte auch die ganze Nacht mit ihm und den anderen in der konspirativen Wohnung der Gruppe im Zentrum von Mexico City: »Wir nahmen ihn mit, holten etwas zu essen und schliefen dann. Er schlief wie alle auf einer Matraze. Wir hatten viel zu tun und kümmerten uns nicht weiter um ihn. Alles was er zu sagen hatte, hatte er gesagt: Kuba, Fidel, Che, Revolution. Mehr nicht. Er wollte auf Teufel komm raus nach Kuba und für die Revolution kämpfen. Seine politischen Ansichten waren sehr radikal.

Wir haben am nächsten Morgen das älteste Mitglied unserer Gruppe, einen peruanischen Anarchosyndikalisten, zur kubanischen Botschaft geschickt. Er kannte den Botschafter persönlich und sollte herausbekommen, was los war. Er kam zurück und sagte, Oswald sei möglicherweise ein CIA-Agent und ein sehr gefährlicher Mann. Die kubanische Botschaft wusste offenbar alles über ihn und befahl uns, den Kontakt abzubrechen. Die G-2, der kubanische Geheimdienst, hatte ihn im Auge. Ich sagte zu Oswald: ›Tut uns leid, wir können dir nicht weiterhelfen.‹ Er blieb ganz ruhig und ging. Das ist alles.«

In den folgenden Tagen habe er Oswald noch ein paar Mal an der Universität, zusammen mit anderen revolutionären Gruppen, und einmal auf einer Party gesehen: »Oswald hatte viele Kontakte mit Revolutionären und mit revolutionären Snobs.«

War auch Silvia Durán, die an der kubanischen Botschaft arbeitete, auf der Party? Oscar Contreras legt die Stirn in sorgenvolle Falten, so als wolle er damit ausdrücken: Habe ich nicht schon genug erzählt? »Ich kann es nicht mit Bestimmtheit sagen. Sie war meistens bei solchen Partys dabei.«

»Hatte sie ein Verhältnis mit Oswald?«

»Dazu sage ich nichts. Das sind menschliche Schwächen, die mit Politik nichts zu tun haben.«

Dann fällt ihm doch ein Name ein, bei dem er sich ganz sicher ist: »Elena Garro war dabei. Sie war damals auf allen Partys der Mittelpunkt.«

Die Reise nach Reynosa hat sich gelohnt. Wir haben den ersten Zeugen gefunden, der mit Lee Harvey Oswald intensiven Kontakt hatte. Oswald ist aus der Anonymität der Millionenstadt hervorgetreten, bekommt Konturen und ein menschliches Gesicht. Und es gibt eine neue Spur: Die Party mit Elena Garro. In den sechziger Jahren beschäftigten ihre Skandale die Feuilletons der Hauptstadtpresse. Sie war eine leidenschaftliche Kämpferin für die Rechte der Landarbeiter, erfolgreiche Schriftstellerin, Sozialrevolutionärin und Monarchistin zugleich. Von ihrem Mann, dem Literaturnobelpreisträger Octavio Paz, lebte sie getrennt. Heute sind beide tot – aber was ist mit der gemeinsamen Tochter Helena?

Kein Tanz mit Helena Paz Garro

Wir machen Helena Paz Garro in der Stadt Cuernavaca ausfindig. In ihrem Bungalow lebt sie gemeinsam mit einem Hund und 35 Katzen. Krankheit und Kummer haben tiefe Furchen in ein schönes Gesicht gegraben. Für das Interview hat sie eine dicke Schicht Lippenstift aufgetragen, der die weißen Filter der Benson&Hedges, die sie pausenlos anzündet, karmesinrot färbt. Die Tochter des großen Octavio Paz – verarmt und vergessen. Dass ihr Vater sie fallen ließ, schmerzt sie bis heute. Ihr kurzes und scharfes Urteil: »Er war ein Reaktionär, Fidel Castros Feind Nummer eins, von der Bourgeoisie gekauft.«

Helena wuchs mit ihrer exzentrischen Mutter auf und lernte auf Reisen nach Wien, Paris, New York, Havanna und Madrid die Großen der Literatur kennen: Nicolas Guillén, Alejo Carpentier, Ernst Jünger. Letzteren liebte sie besonders: »Er war ein Rebell und gleichzeitig konservativ« – ähnlich wie ihre geliebte und tyrannische Mutter. 1956 war auch Che Guevara Gast im Haus ihrer Mutter, als er mit Fidel Castro zusammen im mexikanischen Exil lebte. Ideologisch gesehen war Elena Garro zu der Zeit eine Kommunistenfresserin, was sie jedoch nicht daran hinderte, mit dem linken Jetset Mexikos ausufernde Partys zu feiern.

Nach diesem Ausflug in die gute alte Zeit der kulturpolitischen Kämpfe des Kalten Krieges komme ich zum eigentlichen Anlass meines Besuches: »Haben Sie jemals Lee Harvey Oswald gesehen?« Wider Erwarten wirft Helena Paz Garro mich nicht aus ihrem Patio, sondern nickt nur kurz, bevor sie übergangslos zur Schilderung jener Party übergeht, an der sie als 15-jähriges Mädchen zusammen mit ihrer Mutter und ihrer Tante Deba teilgenommen hat.

Es wurde viel getanzt: Twist und Rock 'n' Roll. Alle tranken viel. Ungefähr vierzig Gäste seien anwesend gewesen, darunter auch Silvia Durán und ihr Mann Horacio. Lauter Kommunisten, nur sie und ihre Mutter nicht: »Lee Harvey Oswald war mit zwei anderen Gringos auf der Party. Sie saßen den ganzen Abend in einer Ecke, tranken Bier und unterhielten sich auf Englisch. Oswald wirkte arrogant und aggressiv. Ich fragte Horacio, wer diesen komischen Kerl mitgebracht habe und er sagte, Silvia habe ihn eingeladen.«

»Silvia Durán?«, frage ich nach, um ganz sicherzugehen, dass tatsächlich die Angestellte der kubanischen Botschaft gemeint ist.

10 Helena Paz Garro mit ihrer Mutter 1963

11 Helena Paz Garro 2005

»Ja, Silvia. Sie ist mit mir entfernt verwandt, eine Cousine meines Onkels Rubén, und arbeitete damals an der kubanischen Botschaft. Meine Tante Deba stiftete mich an, mit Oswald zu tanzen. Ich ging zu ihm und forderte ihn auf. Er wies mich mit einem schroffen ›No‹ ab. Er war sehr kalt.«

»Warum haben Sie ausgerechnet ihn angesprochen?«

»Er war der attraktivste. Die anderen beiden waren gewöhnliche und langweilige Gringos. Oswald hatte etwas Düsteres, das mich neugierig machte. Ich wollte mehr über ihn erfahren, er faszinierte mich. Ein paar Wochen danach schlugen wir die Zeitung auf und entdeckten sein Foto. Er hatte Kennedy ermordet! Wir waren schockiert und verstört. Meine Mutter vermutete sofort, dass die Kubaner hinter dem Attentat steckten. Sie schleppte mich zum Auto und fuhr mit mir in die Calle Zamora, zur kubanischen Botschaft. Wir stellten uns vor das Tor und schrien: ›Mörder! Ihr habt Präsident Kennedy umgebracht.‹ Die kubanischen Funktionäre steckten ihre Köpfe aus der Tür und lachten uns aus.

So war meine Mutter: spontan und exzentrisch. Später hat sie sich mit Fidel Castro versöhnt, und ihre Bücher wurden in Kuba gedruckt. Sie wurde eine Anhängerin der kubanischen Revolution und hat den Vorfall mit Oswald niemandem mehr erzählt.«

Drei Tage später meldet sich Helena Paz Garro überraschenderweise noch einmal. Sie habe mir das Ende der Geschichte verschwiegen. Denn am Tag nach ihrer lautstarken Protestaktion vor der kubanischen Botschaft sei Manolo Calvillo, ein mexikanischer Regierungsfunktionär und alter Freund ihrer Mutter aufgetaucht: »Er legte eine Schallplatte auf, drehte den Regler auf volle Lautstärke und sagte: Euer Haus wird observiert. Draußen lauern ein paar Gangster, die sollen euch im Auftrag der Kommunisten umbringen. Er brachte uns zu unserem Schutz ins Hotel *Vermont*. Nach einer Woche konnten wir das Versteck verlassen und nach Hause zurückkehren.«

Ob sie Lee Harvey Oswald noch einmal gesehen hat, will ich wissen. Ja, sie hat: »Am Tag nach der Party traf ich mich mit Silvias Ehemann Horacio auf einen Kaffee im Sanborns-Restaurant. Es war in der Calle Insurgentes Sur. Wir redeten über seine bevorstehende Scheidung von Silvia. Da sehe ich plötzlich diesen Oswald auf dem Bürgersteig, begleitet von den gleichen Männern, mit denen er auch auf der Party war. Ich sage: ›Horacio, da ist dieser komische Gringo wieder. Was weißt du eigentlich über ihn?‹ Horacio antwortet: ›Lass die Fragerei. Er ist ein gefährlicher Mann.‹«

Ich erzähle Helena Paz Garro von meinem Besuch bei Silvia Durán und davon, dass sie behauptet hat, außerhalb der Botschaft keinen Kontakt mit Oswald gehabt zu haben. Helena wiegt den Kopf: »Sie hat Angst. Sie hat viel durchgemacht, als sie nach dem Attentat gegen Kennedy verhaftet wurde. Man hat sie gefoltert.«

»Warum?«

»Frag sie selbst.«

»Hatte Silvia ein Liebesverhältnis mit Oswald?«, hake ich nach.

»Auf alle Fälle waren sie befreundet.«

Silvia Durán bleibt eine rätselhafte Schlüsselfigur in Oswalds Leben – war sie wirklich nur die harmlose kleine Sekretärin in der Konsularabteilung der kubanischen Botschaft, die nichts anderes tat, als dem »verrückten Amerikaner« beim Ausfüllen eines Visumantrages zu helfen? Das wäre selbst in Mexiko kein Grund gewesen, sie zu verhaften und zu foltern. Noch irritierender ist, dass sie uns angelogen hat: Denn nach Aussage von Helena Paz Garro hatte sie auch außerhalb der Botschaft Kontakt mit Oswald. Warum verschweigt sie das? Ich rufe sie noch einmal an, um nachzufragen. Sie bleibt bei ihrer Version, dass sie kein Verhältnis mit Oswald gehabt habe: »Ich wurde nur verhaftet, weil man meine Telefonnummer in Oswalds Notizbuch fand. Ich habe ihn einfach nur freundlich behandelt, so wie man das an jeder Botschaft macht.«

»Von wem sind Sie nach Ihrer Verhaftung vernommen worden?«

»Von Fernando Gutiérrez Barrios.«

»Vom Chef der Geheimpolizei persönlich?«

»Das ist doch verständlich, immerhin ging es um die Ermordung des amerikanischen Präsidenten.«

Silvia Duráns Stimme verfällt in ein erregtes Tremolo: »Alles was ich zu sagen habe, steht im offiziellen Kommuniqué der mexikanischen Polizei vom November 1963. Lesen Sie es nach und lassen Sie mich bitte in Ruhe. Ihre Fragen sind eine Beleidigung für mich.« Ich kann nicht einmal mehr *adiós* sagen, so schnell hat sie den Hörer aufgelegt.

Mein mexikanischer Kollege Mauricio Laguna Bérber hat genau wie ich das Gefühl, dass Silvia Durán etwas zu verbergen hat. Vor allem aber lässt ihn die Tatsache aufhorchen, dass sie von Gutiérrez Barrios persönlich verhört wurde, dem gefürchteten Chef des Geheimdienstes DFS, der in den Jahren des »Schmutzigen Krieges« hunderte Oppositionelle verhaften, foltern und töten ließ. Gutiérrez hatte eine eigene Todesschwadron, die *Brigada Blanca*, die unliebsame Kritiker spurlos verschwinden ließ und er unterhielt enge Arbeitskontakte zur CIA. Mauricio hat die Biographie dieses Dunkelmannes im Staatsdienst ausführlich untersucht und ist dabei auf eine irritierende Tatsache gestoßen: »Er arbeitete nicht nur mit der CIA zusammen, sondern auch mit dem kubanischen Geheimdienst. Er und Fidel Castro waren zeitlebens enge Freunde.«

Es begann im Jahr 1956. Fidel Castro und Che Guevara lebten damals im mexikanischen Exil. Wegen »aufrührerischer politischer Agitation« im Gastland Mexiko wurden sie verhaftet und im Gefängnis von Veracruz eingesperrt. Eines Tages tauchte der junge Geheimdienstchef der Stadt, Gutiérrez Barrios auf und ließ sie aus Sympathie für die nationale Revolution auf Kuba frei. Castro und seine Mannen setzten mit dem Motorboot *Granma* nach Kuba über und begannen ihren Guerillakampf. Das war die Geburtsstunde der kubanischen Revolution. So begann eine lebenslange Männerfreundschaft, die erst mit dem Tod von Senator Fernando Gutiérrez Barrios am 30. Oktober 2000 endete. (6)

FBI-Informant »Solo Source«

Warum kümmerte sich der gefürchtete Chef des Geheimdienstes persönlich um Silvia Durán, nachdem sie verhaftet worden war? Wusste sie zu viel? Offenbar hatte sie bei Oswalds Besuch in der kubanischen Botschaft Dinge gehört, die nicht für ihre Ohren bestimmt waren. Denn tatsächlich ging es Oswald nicht nur um ein schlichtes Touristenvisum für Kuba. Es ging um Kennedy. Der erste Zeuge für diesen Verdacht ist Fidel Castro selbst.

FBI-Special Agent James Hosty, der Lee Harvey Oswald am 22. November in Dallas verhörte, machte mich auf diese seltsame

Geschichte aufmerksam, die im FBI lange als Geheimnis gehütet wurde. Fidel Castro hielt am 27. November 1963 in Havanna eine Rede, fünf Tage nach dem Attentat von Dallas. Darin ließ er einen rätselhaften Satz fallen: Oswald habe während seines Besuches in der kubanischen Botschaft eine »provokative Erklärung« abgegeben. Was meinte Castro damit?

Der FBI-Informant »Solo Source« sollte es herausbekommen. Hinter dieser Tarnbezeichnung verbarg sich ein Brüderpaar: Morris und Jack Childs. Es waren die hochrangigsten Spitzel, die das FBI jemals in der kommunistischen Weltbewegung platzieren konnte. Beide waren Mitglieder des Politbüros der Kommunistischen Partei der USA. Ihre Berichte galten nach Hostys Erinnerung als sehr wertvoll: »Sie waren die zuverlässigsten und redlichsten Quellen, die wir uns wünschen konnten. Sie halfen dem FBI in der Spionageabwehr, weil sie von der Sowjetunion enttäuscht waren, als Stalin Anfang der fünfziger Jahre eine neue Judenverfolgung begann. Die Childs-Brüder waren selbst Juden, und ihre Familie stammte aus der Sowjetunion.«

Jack Childs reiste ein paar Wochen nach dem Attentat zu einem offiziellen Besuch nach Havanna. Bei dieser Gelegenheit sollte er im Auftrag des FBI herausfinden, was Fidel Castro mit seiner Bemerkung über Oswald gemeint haben könnte. Castro, der zu Jack Childs eine Vertrauensbeziehung pflegte, war sofort bereit, sich auf das Thema einzulassen. Er wirkte nach Jack Childs Erinnerung dabei sehr konzentriert und ernst.

Castro sagte dem geschockten Childs, Lee Harvey Oswald habe bei seinem Besuch in der kubanischen Botschaft in Mexiko, sechs Wochen vor dem Attentat, angekündigt, er werde Präsident Kennedy töten. Castro sagte, »seine Leute« hätten ihn damals »mündlich« über diese Äußerungen Oswalds informiert. Oswald habe gesagt: »Ich werde diesen Bastard töten, ich werde Kennedy töten.« (7)

Jack Childs beunruhigender Bericht aus Havanna verschwand im FBI-Giftschrank. Nichts sollte die Einzeltäter-Theorie stören,

because he, CASTRO, was told about it immediately. NY 694-S* does
not know the identities of the individuals who told CASTRO. NY 694-S*
advised that CASTRO said, "I was told this by my people in the
Embassy -- exactly how he (OSWALD) stalked in and walked in and
ran out. That in itself was a suspicious movement, because nobody
comes to an Embassy for a visa (they go to a Consulate)." The
Informant stated that the implication was that OSWALD came running
in like a "mad man" demanding a visa and immediately the people in
the Embassy suspected something wrong - why go to the Soviet Union
through Cuba? An attempt is being made to involve Cuba in this
conspiracy from the beginning.

     CASTRO did not indicate, at any time, that he had read
any books about the assassination but gave NY 694-S* the impression
that he based his information upon his actual thinking and
experience gained from knowledge of guns and reports he received
from his Embassy people.

     The statements made by FIDEL/CASTRO concerning the
assassination were accurate. Although CASTRO spoke to NY 694-S*
in broken English, without benefit of translation, there is no
question as to the accuracy of what he said for the informant in-
dicated he had made notes at the time CASTRO was talking and he had
scribbled down what he considered was important. CASTRO stated
that when OSWALD was refused his visa at the Cuban Embassy in
Mexico City, he acted like a real madman and started yelling and
shouting and yelled on his way out, "I'm going to kill that bastard.
I'm going to kill Kennedy." NY 694-S* is of the opinion that the
Cuban Embassy people must have told OSWALD something to the effect
that they were sorry that they did not let Americans into Cuba
because the U.S. Government stopped Cuba from letting them in
and that is when OSWALD shouted out the statement about killing
President KENNEDY.

12 Aus dem Bericht von Jack Childs (»Solo Source«)

die FBI-Boss J. Edgar Hoover schon wenige Stunden nach dem
Mord von Dallas als Devise ausgegeben hatte. Hoover wollte von
möglichen ausländischen Hintermännern des Attentates nichts
wissen. »Childs' Bericht«, so James Hosty heute, »beweist noch
nicht, dass Fidel Castro den Befehl gab, Kennedy zu töten. Aber
er beweist, dass Castro von Oswalds Plan wusste. Er hätte uns
warnen können.«

Anruf aus Havanna

Fidel Castros Äußerung ist ein Indiz für den Verdacht, dass Oswald den geplanten Mord an Kennedy mit kubanischen Funktionären besprochen hatte. Alle kubanischen Botschaftsangestellte, die damals Kontakt mit Oswald hatten, wurden kurz nach dem Mord an Kennedy nach Kuba zurückbeordert. Silvia Durán ist die einzige Zeugin, die außerhalb Kubas lebt. Aber sie will sich nicht erinnern. Was hat der mexikanische Geheimdienstchef Fernando Gutiérrez Barrios mit ihr gemacht, um sie zum Schweigen zu bringen? Schneller als erwartet erhalten wir auf diese Frage eine vorläufige Antwort.

Während wir in Mexico City das Haus von Silvia Durán belagern, um sie zu einer Aussage zu bewegen, bekomme ich einen Anruf von meinem nordamerikanischen Kollegen Gus Russo aus Baltimore, der einen Rerchercheerfolg zu melden hat. Nach drei Jahren gezielter Suche hat er im Nationalarchiv der USA ein wichtiges, als verschollen geltendes Dokument gefunden: Ein Original-Tonbandmitschnitt der CIA, datiert vom 26. November 1963 aus Mexico City. Die CIA hatte damals den Telefonanschluss des kubanischen Botschafters abgehört. Gus schickt mir eine Kopie des Tonbandes nach Mexiko. Zu hören ist ein höchst aufschlussreiches Telefonat des damaligen kubanischen Staatspräsidenten Oswaldo Dorticos mit dem kubanischen Botschafter in Mexiko, Joaquín Hernandez Armas. Das Gespräch fand vier Tage nach Kennedys Ermordung statt. Anlass war die Verhaftung Silvia Duráns durch die mexikanische Geheimpolizei DFS.

Präsident Dorticos macht sich Gedanken darüber, ob Silvia Durán bei der mexikanischen Polizei zu viel geplaudert haben könnte. Es dauert einige Minuten, bevor auf dem Band etwas anderes zu hören ist als lautes Rauschen. Die Leitung nach Havanna ist schlecht und störanfällig. Schließlich ist die Stimme von Dorticos deutlich zu vernehmen. Er will wissen, wie es »Silvia«

in der Untersuchungshaft ergangen sei. Botschafter Armas kann den Präsidenten beruhigen:

Botschafter Armas: »Sie ist wieder entlassen worden. Sie hat nur zugegeben, dass dieses Individuum gekommen sei, weil es ein Visum für Kuba wollte. Die Regierung Kubas habe es ihm aber nicht gegeben.«

Präsident Dorticos: (unverständlich)

Botschafter Armas: »Ich habe sofort mit ihr gesprochen, um ihren Bericht entgegenzunehmen. Das war gestern. Samstag ist sie in ihrem Haus verhaftet worden.«

Präsident Dorticos: »Was hat man sie beim Verhör gefragt?«

Botschafter Armas: »Welche Beziehung sie zu ihm hatte und ob sie intime Beziehungen mit ihm pflegte. Sie hat das verneint. Sie hat ausgesagt, er sei nur einer von vielen hunderten gewesen, die nach Kuba wollten und um ein Visum baten. Sie erinnere sich an diesen besonderen Fall nur deshalb, weil es zu einem Zwischenfall mit unserem Konsul gekommen war. Der Amerikaner hat ihn beschimpft und Azcue hat ihn praktisch aus dem Konsulat geworfen.«

Präsident Dorticos: »Was hat sie über das Verhör erzählt?«

Botschafter Armas: »Man hat sie ein wenig ausgequetscht während der Vernehmung. Die Misshandlung erfolgte mit dem Ziel, sie unter Druck zu setzen, damit sie alles sagt, was sie weiß.«

Präsident Dorticos: »Was heißt das genau?«

Botschafter Armas: »Sie wurde an den Armen festgehalten und durchgeschüttelt.«

Präsident Dorticos: »Haben die etwas aus ihr herausgekriegt?«

Botschafter Armas: »Nein, absolut nichts. Vor allem wollten sie wissen, was für eine Art Beziehung sie und ihr Ehemann zu diesem Individuum hatten.«

Präsident Dorticos: »Hat sie etwas von Geld gesagt?«

Armas: »Nein, nichts, sie hat gesagt, sie sei nicht danach gefragt worden.«

13 Botschafter Joaquín
Hernandez Armas 1963

Präsident Dorticos: »Wir haben von einem Genossen eine ent-
sprechende Information bekommen...«

Armas: »Sie hat mir gesagt, sie sei zu keinen weiteren Punkten vernommen worden.«

Präsident Dorticos: »Bitte fragen Sie sie noch mal und rufen
mich dann gleich an.«

Armas: »Natürlich. Mache ich sofort, Herr Präsident.«

Bei einem zweiten Telefonat wenige Stunden später meldet der
Botschafter, dass er noch einmal bei Silvia Durán nachgefragt habe.

Armas: »Ich habe mit dieser Person gesprochen. Sie hat nichts
Wichtiges hinzugefügt. Was den speziellen Punkt betrifft, den Sie
angesprochen haben: Es wurde ihr kein Geld angeboten.«

Präsident Dorticos (ungeduldig): »Das meinte ich doch nicht,
Sie haben mich falsch verstanden. Ich will wissen, ob sie ausgesagt hat, dass dieser Amerikaner, na Sie wissen schon, in unserem Konsulat Geld bekommen hat, verstehen Sie? (... unverständlich) Besser, Sie schicken mir einen detaillierten Bericht.«

Armas: »Nein, nein, auf keinen Fall hat sie das gesagt. Beim
nächsten Transport nach Kuba schicke ich den Bericht mit.«(8)

Ein »Mordkomplott«

Das Telefonat wirft neue Fragen auf: Wofür hat Lee Harvey Oswald in der kubanischen Botschaft Geld bekommen? Hat die mexikanische Geheimpolizei tatsächlich nicht mehr aus Silvia Durán herausbekommen, als im offiziellen Kommuniqué veröffentlich worden ist? Viele offene Fragen. Mauricio Laguna Bérber hält es für denkbar, dass es Akten des mexikanischen Geheimdienstes über das Verhör mit Silvia Durán gibt – und dass man sie vielleicht sogar einsehen kann. Denn unter der Regierung von Vicente Fox wurde ein neues und für Mexiko revolutionäres Informationsgesetz verabschiedet. Danach können die Opfer des Schmutzigen Krieges der Geheimpolizei, aber auch Forscher, ausgewählte und von der Geheimhaltung befreite Akten des mexikanischen Geheimdienstes DFS einsehen.

Das Generalarchiv der Nation war bis vor einigen Jahren ein Gefängnis, im Volksmund *casa negra* genannt – das schwarze Haus. Ein Ort des Grauens. Heute ist der alte Rundbau stilvoll renoviert. In den sternförmig vom kreisrunden Innenhof abgehenden Zellentrakten stapeln sich Dokumente aus der Geschichte des Landes. Einige Akten sind besonders gut eingesperrt, denn sie kommen aus dem Bestand des mexikanischen Geheimdienstes: Dokumente aus dem fast vergessenen Krieg der Geheimpolizei gegen die politische Subversion in den sechziger und siebziger Jahren. Diese Akten liegen in der von Wachmännern in schwarzen Uniformen bewachten Galerie I des Generalarchivs. Sie untersteht direkt dem Geheimdienst, der heutzutage CISEN heißt. Die Archivdirektion hat hier nichts zu sagen.

Das Kommando führt Vicente Capello, ein alter Vertrauter und Zögling des langjährigen Geheimdienstchefs Gutiérrez Barrios. Der korpulente und stets mürrische Offizier ist italienischer Herkunft – sein Vater, so munkeln seine Untergebenen, sei Leibwächter des italienischen Diktators Mussolini gewesen. Capello blickt uns aus seinen großen und milchigen Schafsaugen misstrauisch an und lässt zwei Kartons mit Dokumenten auf den Tisch stellen. Ein paar hundert Seiten unter dem Titel »Angelegenheit Lee Harvey Oswald«. Das meiste davon ist uninteressant: Zeitungsausschnitte von 1963, Observationsberichte. Aber dann entdecken wir ein paar Seiten mit einer vielversprechenden Überschrift: »Angelegenheit Lee Harvey Oswald – Silvia Tirado de Durán«.

Diese Seiten erzählen eine ganz andere Geschichte, als die, mit der uns Silvia Durán abgespeist hat. Zu unserer großen Überraschung ist in dem Papier von einem »Mordkomplott« des kubanischen Geheimdienstes gegen Präsident Kennedy die Rede, und davon, dass die mexikanische Staatsbürgerin Silvia Durán darin verwickelt sei.

Schon der einleitende Satz hat es in sich: »Wir wissen aus vertraulicher Quelle, dass Silvia Durán die Geliebte von Carlos Lechuga Hevia war, des ehemaligen castristischen Botschafters in Mexiko. Das Verhältnis ging so weit, dass die Frau des Botschafters die Scheidung einleitete.«

Dann listet das Geheimdienstdokument 39 Fragen auf, die Silvia Durán im Verhör gestellt werden sollten. Die Vernehmer wollten wissen, wie ihre Beziehungen zu kommunistischen Funktionären Mexikos waren, welche Tätigkeit sie im Sommer 1963 in der sowjetischen Botschaft ausgeübt hat und mit wem sie auf ihrer Reise nach Kuba Kontakt hatte. Dann folgen direkte Fragen zum Mordfall Kennedy:

»Wann hat Silvia zum ersten Mal von dem Komplott zur Ermordung des amerikanischen Präsidenten erfahren?

Wieviel Geld wurde dem Mörder gezahlt?

Seit wann arbeitet Durán für den kubanischen Geheimdienst?

Seit wann war die Durán damit beschäftigt, falsche mexikanische Pässe für Reisen von ›Studenten‹ anderer Nationalität nach Kuba zu beschaffen?

Identität der kubanischen Offiziere, die im Zusammenhang mit dem Komplott zur Ermordung von Präsident Kennedy geschickt worden sind?

23. Quien prometió a DURAN el asilo en Cuba? Cuando?

24. Quién indicó a DURAN que recibiría la ciudadania Cubana?

25. Contacto con TERESA PROENZA? Detalles?

26. Cuando se afilió DURAN con la "Liga Leninista Espartica"?

27. La ultima vez cuando DURAN viajó a Cuba? Detalles? Itinerario

28. Conexión con I.A.C.P.? Detalles?

29. Nombre completo de DURAN?

30. Fecha y sitio de nacimiento?

31. Hase cuanto que DURAN estaba metida en el labor de conseguir pasaportes Mexicanos falsos para viajes de "estudiantes" de otra nacionalidad a Cuba? Con quien trabajó en este proyecto?

32. Naturaleza del contacto con MARIA DOLORES DE LA MORA? Detalles

33.   "   "   "   " LUISA CALDERON? Detalles?

34. Quien fue el jefe de DURAN en la Embajada Sovietica en el mes de junio de 1963?

35. Oficiales recien llegados en la Embajada Cubana - desde el 1 de septiembre de 1963 - sus cargos - detalles ?

36. Identidad de oficiales Cubanos, mandados especialmente en relación con el complot de asesinar el Presidente KENNEDY?

37. Quien de los oficiales recien llegados tuvo contacto con OSWALD?

38. Llevo OSWALD anteojos durante los contactos con DURAN?

39. Identidad del negro pelirojo con cicatriz al lado derecho del mentón, quien hace poco visita frecuentamente en la Embajada Cubana? Es empleado alla? Detalles?

14 Protokoll des Verhörs mit Silvia Durán

Welcher dieser in letzter Zeit eingetroffenen Offiziere hatte Kontakt mit Oswald?« (9)

Zwischen den Zeilen dieses Dokumentes öffnet sich ein politischer Abgrund: Oswald war nicht als harmloser Revolutionstourist unterwegs, sondern führte offenbar ein zweites Leben in der Schattenwelt der Geheimdienste. Wenn der mexikanische Geheimdienst wusste, oder zu wissen glaubte, dass Oswald Kontakte zum kubanischen Geheimdienst hatte, was wusste er noch? Wie viele Schätze liegen noch unter den Backsteinarkaden von Capellos Geheimarchiv? Wir stellen Antrag auf Einsicht weiterer Akten. Es wird Monate zähen Ringens mit den Behörden und mit der Leitung des Generalarchives kosten, bis wir in den Verliesen der Erinnerung ein paar weitere Schriftstücke einsehen dürfen.

Schon jetzt, gegen Ende der ersten Recherchereise, haben wir den begründeten Verdacht, dass Lee Harvey Oswald während seiner sechs Tage in Mexico City geheimdienstliche Kontakte zu Kuba hatte und dass er von kubanischen Funktionären Geld erhielt – sieben Wochen, bevor er in Dallas auf den amerikanischen Präsidenten John F. Kennedy schoss.

Mexiko ist die Büchse der Pandora. James Hosty hatte die richtige kriminalistische Spürnase. Wenn überhaupt, kann man hier das Rätsel »Oswald« lösen. Seltsamerweise hat das bislang noch niemand ernsthaft versucht: Kein Untersuchungsausschuss, kein Journalist und keiner der vielen Zeithistoriker der USA, die sich mit dem Thema beschäftigt und Dutzende von Büchern dazu veröffentlicht haben. Keiner von ihnen hat mit Zeugen wie Elena Paz Garro oder Oscar Contreras gesprochen, niemand hat auch nur geahnt, dass es brisante mexikanische Geheimdienstakten über Oswalds geheimes Leben gibt. Er war kein einsamer und autistischer *loner*, der ziellos durch die mexikanische Metropole irrte. Er war ein Mann mit Kontakten.

Lee Harvey Oswalds Geheimnis

Am letzten Tag der ersten Reise nach Mexiko gelingt dann ein unerwarteter Recherchedurchbruch: Zum ersten Mal treffe ich einen ehemaligen Offizier des kubanischen Geheimdienstes G-2. Er lebt seit Jahren unerkannt in Mexico City. Die meisten seiner Freunde und Verwandten wissen nicht, dass er früher Mitglied des kubanischen Geheimdienstes war. Ich habe über einen gemeinsamen Freund in Kuba Kontakt mit ihm aufgenommen. Nur deshalb hat er genug Vertrauen, um sich auf ein Treffen einzulassen.

Es ist die Nacht zum 2. November, Allerseelen. Die Einwohnerzahl Mexico Citys wird sich in den kommenden Stunden verdoppeln. Die Seelen der Toten verlassen ihre Gräber und machen sich auf den beschwerlichen Weg zu ihren Familien. Die Stadt hat sich für sie festlich geschmückt. In den Häusern warten Opferaltäre auf sie – gedeckt mit Blumen, Kerzen und den Lieblingsspeisen der Verstorbenen. Auch ein Stuhl wird ihnen hingestellt, damit sie sich ausruhen können. Damit sie sich auf dem Weg vom Friedhof nach Hause nicht verirren, haben die Angehörigen ihnen leuchtend gelbe Cempasúli-Blüten auf den Weg gestreut.

Ich warte im Zentralpark des Stadtteils Coyoacán auf Reynoso. Wird er kommen, oder im letzten Moment doch noch abspringen? Der Platz mit seiner kolonialen Architektur und den großen grünen Bäumen ist wie eine Oase des Friedens in dieser harten und lauten Stadt. Nur wenige Händler stören die Abendruhe: Sie verkaufen eilig ihre letzte Ware für die Nacht der Toten: Totenköpfe aus Zuckerguss, Marzipansärge und Skelette aus Draht und Plastik. Pünktlich zur verabredeten Zeit erscheint Reynoso.

Er hat Angst vor dem Gespräch, denn er muss dazu das lebenslang geltende Verbot überschreiten, niemals über Dinge zu sprechen, die er als Offizier des Geheimdienstes erfahren hat.

Reynoso betreibt ein kleines Geschäft für Haushaltselektronik und schlägt sich mit seiner Hände Arbeit durch. Er ist schon über achtzig Jahre alt, ein kräftiger Mann mit einem massigen galizischen Bauernschädel. Rente? Fehlanzeige. Die gibt es nicht für Aussteiger. Seinen kubanischen Stakkato-Akzent hört man kaum noch heraus, so sehr hat er sich seiner neuen Heimat angepasst. An sein früheres Leben als Archivar des kubanischen Geheimdienstes will er nicht gerne erinnert werden.

Sein Deckname beim kubanischen Geheimdienst G-2 war Reynoso. Er habe keine Angst um sein Leben, beruhigt er sich selbst, denn was er zu erzählen habe, sei zu wenig, um den Zorn seines ehemaligen Arbeitgebers zu wecken. Von wirklich geheimen Dingen wisse er nichts, denn er war lediglich Archivar des Geheimdienstes im Rang eines Sergeanten. Bei meiner Frage nach der Adresse des Archivs zuckt er zusammen: »Das darf ich nicht sagen, auf keinen Fall.« Überhaupt, er wisse eigentlich nichts. Und außerdem müsse er in fünf Minuten wieder weg, ein Kunde warte dringend auf eine Waschmaschinenreparatur.

Ich will wissen, ob er im September 1963 etwas vom Besuch Oswalds in der kubanischen Botschaft in Mexiko mitbekommen habe. Er schüttelt den Kopf. Als unbedeutender Archivar hätte er nichts anderes zu tun gehabt als Akten zu verschlüsseln. Die Kontakte mit den operativ tätigen Offizieren waren auf das notwendige Minimum beschränkt. Jeder misstraute jedem und in die Akten durfte er nicht hineinsehen.

Nur einmal habe er den Namen »Oswald« auf einer Akte gesehen, im Sommer des Jahres 1963. Also noch bevor Oswald nach Mexiko fuhr und dort in der kubanischen Botschaft auftauchte! Ich bin wie elektrisiert und frage nach, ob er sich wirklich sicher sei. Seine Antwort kommt ohne Zögern: »Ich hatte die Akte in der Hand. Auf ihr stand mit dickem Stift geschrieben: ›Lee Harvey Oswald‹. Ich musste sie verschlüsseln und im Archiv in der Abteilung ›ausländische Mitarbeiter‹ abheften. Das war im Sommer 1963, Ende Juni. Es kann auch Ende Juli gewesen sein. Auf alle Fälle in einem dieser Monate.«

»Warum haben Sie das Datum so genau im Kopf?«, frage ich erstaunt.

»Das ist doch klar. Es kam selten vor, dass Ausländer eine Personalakte hatten und als ich seinen Namen im November in allen Zeitungen las, war ich alarmiert. Die Akte war nicht besonders umfangreich.«

Dabei zeigt er mir mit Daumen und Zeigefinger einen Umfang von etwa zwei Zentimetern an. Ich will wissen, was in der Akte stand.

»Das weiß ich nicht. Es war uns strengstens untersagt, hineinzusehen. Jeder passte im Archiv auf den anderen auf. Es gab selten Momente, in denen man alleine war und aus reiner Neugier einen Blick in so eine Akte warf. Ich habe nur ganz flüchtig hineingesehen.

»Sie haben also doch etwas gesehen?«, hake ich nach.

»Es waren Berichte über Treffen mit Oswald. G-2-Offiziere hatten sich mit ihm getroffen. Das kann ich sagen, aber ich weiß keine Namen und Orte.«

»Haben Sie denn etwas von anderen Offizieren gehört?«

»Mir wurde gesagt, er sei für zwei Tage in Kuba gewesen, im Sommer 1963. Aber ich möchte das nicht als Aussage machen, denn ich habe ihn nicht mit eigenen Augen gesehen. Das ist nur Hörensagen. Und wenn ich ihn selbst gesehen hätte, dann würde ich es nie jemandem erzählen. Jetzt wird es höchste Zeit für mich. *Hasta luego*. Auf Wiedersehen.«

Reynoso verschwindet so schnell, wie er gekommen ist und lässt mich mit meiner Verblüffung unter den im Wind klappernden Plastik-Skeletten sitzen. Seine Aussage ist das bislang schwerwiegendste Verdachtsmoment gegen Kuba: Oswald als »ausländischer Mitarbeiter« des kubanischen Geheimdienstes? Wie ist das möglich? Obwohl ich keinen Grund erkennen kann, warum Reynoso lügen sollte, kommen die ersten Zweifel: Warum sollte ein professioneller und gefürchteter Geheimdienst wie der kubanische jemanden rekrutieren, der in den Geschichtsbüchern als blasser, psychisch kranker Versagertyp und notorischer Aufschneider geschildert wird?

Vor allem die Autoren der Verschwörungstheorie, die hinter dem Mord an Kennedy einen amerikanischen Staatsstreich vermuten, haben Oswald zu einem Nichts schrumpfen lassen: Ein Bauer in einem für ihn undurchschaubaren Schachspiel, der allenfalls die Rolle des Sündenbocks in einer weitverzweigten Verschwörung aus CIA, Mafia, Exilkubanern und der politischen Rechten spielen durfte.

Reynoso hat die Tür zu einem dunklen und unbekannten Kapitel in Oswalds Leben aufgestoßen. Wer war dieser Mann wirklich, der mit einem Mord den Lauf der Weltgeschichte verändert hat? Handelte er in eigenem Auftrag oder auf Befehl? Spurensuche in einem verstörenden Leben.

» Lee war ein Träumer
und Wahrheitssucher. «

George De Mohrenschildt

2.
Lee Harvey Oswalds Lehrjahre

Sein Start ins Leben war ein Desaster. Zwei Monate vor seiner Geburt am 18. Oktober 1939 in New Orleans starb Lees Vater an einem Herzinfarkt. Als er drei Jahre alt war, steckte ihn seine Mutter Marguerite für ein paar Monate in ein Waisenhaus – gemeinsam mit Bruder Robert und Halbbruder John Pic. Sie hatte keine Zeit, sich um ihre Kinder zu kümmern. Im Waisenhaus musste er ein paar Mal mit ansehen, wie der Heimleiter, ein Priester, schutzbefohlene Mädchen sexuell missbrauchte.

Einsam in New York und New Orleans

Als Lee zwölf war, verkaufte seine Mutter das Haus in New Orleans und zog mit ihm nach New York in eine Souterrainwohnung in der Bronx. Seine Brüder waren schon aus dem Haus. Tagsüber arbeitete Lees Mutter als Verkäuferin. Er musste sich alleine durchschlagen und hatte große Probleme, in der neuen Umgebung zurechtzukommen. Seine Mitschüler verspotteten ihn wegen seines Südstaatlerakzentes und weil er an Dyslexie, einer Lese-Rechtschreib-Schwäche, litt. Lee wurde zum Einzelgänger und schwänzte regelmäßig die Schule. Er verbrachte ganze Tage mit ausgedehnten Streifzügen durch das U-Bahn-Netz New Yorks.

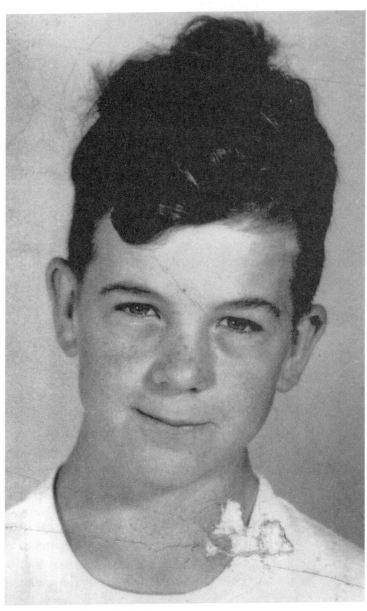

15 Lee Harvey Oswald als Junge

Sein Lieblingsplatz war der Zoo in der Bronx. Tiere standen ihm näher als Menschen. Sein älterer Bruder Robert erinnert sich an Lee als Einzelgänger, der mit einem »großen Mangel an Zuwendung« aufwuchs. Vor allem die Mutter habe ihn vernachlässigt und seine Existenz als »Last« empfunden. Der Mangel an Zuwendung hinterließ tiefe Spuren in Lees Psyche. Eine Schulpsychologin beschreibt ihn als »emotional eingefroren«.

Mehrmals wurde Lee im Zoo von Schulkontrolleuren aufgegriffen und schließlich wegen ständiger Schulschwänzerei zur Beobachtung in ein Erziehungsheim gesteckt. Im Heim weigerte er sich, an Gemeinschaftsunternehmungen teilzunehmen. Stattdessen bat er darum, abends um acht ins Bett gehen zu dürfen und verschlang alle Bücher, die im Heim aufzutreiben waren. Die Sozialpsychologin des Erziehungsheims, Evelyn Strickman, verfasste ein Gutachten:

»Wirklich überraschend ist, dass dieser Junge die Fähigkeit nicht ganz verloren hat, mit anderen Menschen zu kommunizieren, obwohl er die meiste Zeit seines Lebens ein völlig isoliertes, einsames Dasein geführt hat. Er sagte mir, dass er die Schule schwänze, weil er lieber andere Dinge täte, die wichtiger seien. Er gab zu, dass er davon träume, allmächtig zu sein und imstande, alles zu tun, was er wollte.« (10)

Lee war ein nachdenklicher Junge und interessierte sich früh für die großen Rätsel der menschlichen Existenz. Er hasste die soziale Ungerechtigkeit, die er täglich vor Augen hatte, vor allem den Rassismus. Eine entscheidende Weichenstellung war ein bedeutungslos erscheinendes Erlebnis, das er mit vierzehn hatte. Vor einem New Yorker U-Bahn-Eingang drückte ihm eine ältere Dame ein Flugblatt in die Hand, in dem gegen die bevorstehende Hinrichtung von Arthur und Ethel Rosenberg protestiert wurde. Das kommunistische Physikerehepaar sollte für die Sowjetunion spioniert haben.

Später einmal wird Oswald zu seiner Frau Marina sagen, dieses Flugblatt sei für ihn wie eine »Offenbarung« gewesen. Er habe in diesem Moment begriffen, dass er gegen den amerikanischen Kapitalismus kämpfen müsse. Nichts und niemand kann nun noch seinen Glauben an die bessere, kommunistische Zukunft der Menschheit erschüttern. Lee hat jetzt ein Ziel, sein Leben bekommt einen Sinn.

Im Januar 1954 kehrten die Oswalds nach New Orleans zurück. Sie wohnten im französischen Viertel, direkt über einem Nachtclub. Nachbarn erinnern sich an Lee als einen unauffälligen und höflichen Jungen mit guten Manieren. Auffallend seien sein aufrechter Gang und seine Unabhängigkeit gewesen. Außerdem fiel auf, dass er andere Gewohnheiten als gleichaltrige Jungen hatte: Er spielte Schach und las viel, darunter auch das *Kommunistische Manifest* und *Das Kapital* von Karl Marx. Ebenso gierig verschlang er das militärische Ausbildungshandbuch für *Marines*, das sein Bruder Robert ihm überlassen hatte.

Zu dieser Zeit versuchte Oswald, Mitglied der Sozialistischen Partei der USA zu werden, aber da es keine Ortsgruppe in New Orleans gab, scheiterte dieser erste Versuch, eine politische Heimat zu finden.

Schütze Oswald

Mit siebzehn bewirbt er sich beim Marinekorps und wird angenommen. Nach Meinung seines Bruders Robert sei er deshalb zu den *Marines* gegangen, um dem Joch seiner egozentrischen und herrischen Mutter zu entkommen.

Die Grundausbildung ist äußerst hart. Oswald ist nicht besonders kräftig und wird von seinen Kameraden oft gedemütigt und als »Schütze Arsch« verspottet. Im Militärstützpunkt San Diego besteht er die Prüfung als Scharfschütze. Auch in der Kaserne führt er unter dem Spott seiner Kameraden das Leben eines Sonderlings fort: Er liest viel und spielt gerne Schach. Wer es schafft, mit Lee in Kontakt zu kommen, lernt ihn schätzen. So erinnert

16 Oswald als Marinesoldat

sich sein Stubenkamerad Gator Daniels: »Oswald war saucehrlich und gab zu, dass er noch nie eine Frau gehabt hatte. Es war wirklich ungewöhnlich, dass ein Bursche mit so was rausrückte. Er war wirklich eine Seele von einem Menschen. Er tat mir jeden Gefallen, borgte mir Geld bis zum Zahltag. Er war eine Sorte Freund, die sich für einen den Arsch aufgerissen hätte.« (11)

Während Oswald auf dem Truppenstützpunkt El Toro in Kalifornien ausgebildet wird, verfolgt er mit Interesse die neuesten Nachrichten aus Kuba: Fidel Castro führt in den Bergen der Sierra Maestra mit einer Handvoll mutiger Männer einen Guerillakrieg gegen die Diktatur Batistas. Oswald schwärmt von Fidels Revolution und äußert zum ersten Mal den Wunsch, nach Kuba zu gehen und an der Seite von Fidel Castro und Che Guevara zu kämpfen.

Nach der Grundausbildung wird er auf die Flugzeugbasis Atsugi in Japan verlegt, 35 Meilen südwestlich von Tokio. In einer japanischen Bar macht er seine erste sexuelle Erfahrung und wird dafür von seinen Kameraden gefeiert. Für die Vorgesetzten ist Oswald ein ständiges Ärgernis: Er ist rebellisch, eigensinnig und betreibt offen kommunistische Propaganda in der Truppe. Seine Kameraden nennen ihn spöttisch »Genosse Oswaldowitsch«. Er hört es gern und hat ein Schachspiel mit roten Figuren, die er liebevoll seine »Rote Armee« nennt. Wegen wiederholter Disziplinarverstöße muss er oft Strafdienst in der Küche schieben, was seinen Hass auf die US-Armee noch steigert. Bei einem Intelligenztest erreicht er den siebthöchsten IQ-Wert auf dem gesamten Militärstützpunkt.

Auf der Militärbasis nutzt Oswald jede freie Minute, um Russisch zu pauken. Später wird er zu russischen Reportern sagen, dass er sich zu dieser Zeit – im Oktober 1958 – entschlossen habe, überzulaufen und Bürger der Sowjetunion zu werden.

Kubanische Träume

Zum Ende seiner kurzen Militärlaufbahn macht Oswald Anfang 1959 Dienst in der Radarstation Santa Ana in Kalifornien. In den Nachrichten hört er, dass Fidel Castros Guerillatruppen Havanna erobert haben und sich daran machen, den Großgrundbesitz und die ausländischen Konzerne zu enteignen. In den USA löst die kubanische Revolution eine Welle der Sympathie aus. In den Monaten nach Castros Sieg strömen hunderte junger Nordamerikaner auf die Karibikinsel, um eine neue und befreite Gesellschaft aufzubauen.

Fidel Castro ist ein Meister der Medien. Schon während der Kämpfe in den Bergen der Sierra Maestra lädt er regelmäßig Korrespondenten und Kameraleute der großen US-Medien ein, um sie live an der Geburtsstunde einer großen Revolution teilhaben zu lassen. Die liberale Öffentlichkeit der USA drückt dem mutigen und romantischen Guerillaprinzen die Daumen, der mit seiner winzigen Rebellenarmee den finsteren und mafiösen Diktator Fulgencio Batista zum Duell herausgefordert hat. Auch ein junger Senator aus Massachussets kann seine Sympathie für die soziale Revolution auf Kuba nicht verhehlen. Sein Name: John F. Kennedy.

Oswald teilt seine Begeisterung für die bärtigen Rebellen vor allem mit seinem Freund und Kameraden, dem aus Puerto Rico stammenden Corporal Nelson Delgado. Die beiden träumen davon, nach Kuba zu gehen und die Revolution auf den Spitzen der Gewehrläufe nach ganz Lateinamerika weiterzutragen.

Nelson Delgado erinnert sich auch an Oswalds Pläne, den Diktator der Dominikanischen Republik, Trujillo, »auszuschalten«. Trujillo gilt als Castros Todfeind und Statthalter des US-Imperialismus in Lateinamerika. Delgado rät Oswald, spanisch zu lernen, um so das Vertrauen der kubanischen Revolutionäre zu gewinnen: »Also begann er, Spanisch zu lernen. Er kaufte sich ein spanisch-englisches Wörterbuch und wir begannen, uns auf Spanisch zu unterhalten. Nicht gerade großartige Sätze, aber immerhin. Nach einer Weile gewöhnte er sich daran, mit mir Spanisch zu sprechen.« (12)

Oswald träumt von Kuba. Bevor er den Traum wahrmachen kann, hat das Schicksal für ihn einen schmerzhaften Umweg vorgesehen, der ihn am Sozialismus fast verzweifeln lässt: Er lebt für zweieinhalb Jahre in der Heimat des Sozialismus, in der Sowjetunion.

Im September 1959 gelingt es ihm mit Hilfe seiner Mutter, vorzeitig aus der Armee entlassen zu werden. Ihr ist an ihrem Arbeitsplatz eine Bonbondose auf die Nase gefallen und sie hat sich eidesstattliche Erklärungen eines Arztes und eines Rechtsanwaltes besorgt, wonach sie durch diesen Unfall arbeitsunfähig und auf die Unterstützung ihres Sohnes angewiesen sei. Oswald wird vorzeitig aus der Armee entlassen, dankt seiner Mutter die Hilfe allerdings nicht. Ende September 1959 besteigt er in New Orleans den Frachter *Marion Lykes,* um in Richtung Sowjetunion aufzubrechen. Vorher schreibt er seiner Mutter einen Abschiedsbrief: »Ich habe eine Passage nach Europa gebucht ... Denk vor allem immer daran, dass ich andere Wertvorstellungen habe als Robert oder du. Ich kann dir meine Gefühle nur schwer beschreiben. Aber sei gewiss, dass ich so handeln musste. Ich habe dir nichts von meinen Plänen erzählt, denn ich hätte wohl kaum erwarten können, dass du mich verstehen würdest.« (13)

Kaltes Minsk

Am Morgen des 16. Oktober 1959 kommt Lee Harvey Oswald mit dem Nachtzug aus Helsinki in Moskau an und checkt im Hotel *Berlin* in der Luxusklasse ein. Die Intourist-Führerin Rimma Shirakova zeigt ihm die Schönheiten der Stadt. Dabei eröffnet Oswald ihr, er wolle die sowjetische Staatsbürgerschaft beantragen. Rimma hilft ihm, ein Gesuch an den Obersten Sowjet zu schreiben.

Fünf Tage später erfährt Oswald, dass sein Traum geplatzt ist. Sein Antrag ist abgelehnt worden. Was dann geschieht, hat Oswald in seinem *Historischem Tagebuch* festgehalten: »Meine kühnsten Träume sind zunichte gemacht, durch einen kleinkarierten Beamten, oder weil meine Planung schlecht war. Ich habe mir zu viel vorgenommen!

7 Uhr abends. Ich beschließe, Schluss zu machen. Tauche meine Hand in kaltes Wasser, um die Schmerzen zu betäuben. Schlitze dann mein linkes Handgelenk auf. Tauche das Handgelenk in Badewanne mit heißem Wasser. Ich denke: Wenn Rimma um 8 Uhr kommt und mich tot findet, wird das ein großer Schock sein. Irgendwo spielt eine Geige, während ich zusehe, wie mein Leben verrinnt. Ich denke: Wie einfach ist Sterben, und: ein süßer Tod mit Geigenbegleitung. Um 8 Uhr findet mich Rimma

bewusstlos (das Badewasser ist ganz rot gefärbt). Sie schreit auf (ich erinnere mich daran) und läuft los, um Hilfe zu holen.« (14)

Der Schnitt ist nicht allzu tief und Oswald kann das Bett im Botkin-Krankenhaus noch am gleichen Tag verlassen. Die politische Wirkung seiner Selbstverletzung ist größer als die medizinische: Der ganze Staatsapparat der Sowjetunion ist aufgeschreckt und sogar das Politbüro befasst sich mit seinem Fall. Dank der Fürsprache von Politbüro-Mitglied Jekatarina Furzewa bekommt Oswald nach einem Monat angstvollen Wartens die erlösende Nachricht: Er darf bleiben, wird nach Minsk geschickt und bekommt vom Roten Kreuz 5000 Rubel als Startkapital in die Hand gedrückt. In Minsk bekommt er Arbeit in der Radiofabrik. Oswald hat dem zweitmächtigsten Staat der Erde seinen Willen aufgezwungen – wenn auch mit einem hohen persönlichen Risiko. Er hat das Zeug zum Märtyrer.

Der sowjetische Geheimdienst KGB in Minsk ist auf die Ankunft Oswalds bestens vorbereitet. Der Befehl aus Moskau lautet: Findet heraus, ob Oswald wirklich derjenige ist, der zu sein er vorgibt. Der KGB kann sich kaum vorstellen, dass ein junger US-Amerikaner freiwillig in die UdSSR übersiedelt. Vielleicht steckt ja ein neuer Trick der CIA dahinter?

Oswald wird in Minsk Tag und Nacht observiert. Selbst seine besten Freunde müssen dem KGB regelmäßig berichten. Seine Wohnung ist verwanzt. Nach zweieinhalb Jahren kommt der KGB im Abschlussbericht zu dem Ergebnis, dass Oswald kein Spion sei – weder der CIA, noch des FBI. Andererseits sei er auch für den KGB unbrauchbar: Zu faul und oberflächlich. Der KGB vergleicht seine ideologische Verfassung sogar mit einem Radieschen: »außen rot und innen weiß«.

Obwohl er eine für russische Verhältnisse fürstliche Wohnung hat und mit 300 Rubeln im Monat genauso viel Geld verdient wie der Direktor, wird Oswald immer missmutiger. Die Kälte und die tägliche Routine in der Radiofabrik von Minsk öden ihn an. An seinen Bruder Robert schreibt er: »Es gibt keine Bars und

17 Oswald mit einer
Bekannten beim Picknick
bei Minsk

Bowlingbahnen.« Vor allem aber zerstören die krankhaften Auswüchse des Bürokratismus seine Illusionen. So hat er sich das Arbeiterparadies nicht vorgestellt.

Nach einigen kurzen Liebesaffären mit Minsker Mädchen
heiratet er am 30. April 1961 Marina Prusakowa, die er sechs
Wochen zuvor beim Tanz im Kulturpalast kennen gelernt hat. Ihr
Onkel Ilya ist Oberst im Weißrussischen Innenministerium und
steht der Verbindung zunächst ablehnend gegenüber.

Kurz nach der Heirat erhält Oswald eine schriftliche Absage
der Patrice-Lumumba-Universität aus Moskau. Er hatte sich für
die Studiengänge Philosophie, Ökonomie und Politik beworben.
Die Absage ist eine schwere Kränkung und markiert das Ende
seines Traumes, als revolutionärer Wissenschaftler zu Einsätzen
in die ganze Welt geschickt zu werden. Soll er etwa den Rest seines Lebens als Proletarier in Minsk versauern? Er denkt nicht

daran und bereitet still und leise seine Ausreise aus dem Paradies der Werktätigen vor.

Oswalds Hoffnung auf einen menschenwürdigen Sozialismus richtet sich erneut auf Kuba. Empört und besorgt verfolgt er in den sowjetischen Zeitungen, wie die exilkubanischen Konterrevolutionäre im Verein mit der CIA versuchen, Castro mit Hilfe einer Invasion zu stürzen. Im Herbst 1961 schleppt er Marina in ein Kino, wo sie gemeinsam den Film des sowjetischen Regisseurs Roman Carmen über Fidel Castro und seine Revolution sehen. Oswald ist begeistert von dem Film und nennt Fidel einen »Helden«. Zu dieser Zeit, so erinnert sich Marina später, unterhält Oswald freundschaftliche Kontakte zu kubanischen Studenten in Minsk. Etwa 300 Kubaner studieren in der belorussischen Hauptstadt. Oswald will von ihnen alles über die kubanische Revolution wissen und teilt ihre Enttäuschung über das öde Leben im sowjetischen Sozialismus. (15) Er und seine kubanischen Freunde sind sicher: Die Zukunft des Sozialimus liegt in Kuba.

Wer Oswalds kubanische Freunde in Minsk waren, ist nie untersucht worden. Welche Fächer haben sie belegt? Bei den Recherchen zu diesem Buch stoße ich auf einen Zeugen, der für das US-amerikanische ARRB *(Assassination Records and Review Board)* arbeitet. Dieses Gremium ist vom US-Kongress eingesetzt worden und für das Aufspüren noch unbekannter Dokumente zum Mordfall Kennedy zuständig.

Dabei entdeckte mein Gewährsmann in einer noch nicht für die Forschung freigegebenen CIA-Akte, dass einige der Studenten aus Kuba in Wahrheit Offiziere des kubanischen Geheimdienstes G-2 waren, die in Minsk an der KGB-Hochschule studierten. Einer der kubanischen Spionage-Absolventen war Fabian Escalante, der später zum kubanischen Geheimdienstchef aufstieg. Möglicherweise war Escalante einer der Kubaner, mit denen Oswald sich in seiner Minsker Zeit anfreundete. Jedenfalls sollten sich die Wege dieser beiden jungen Männer zwei Jahre später kreuzen – im September 1963 in Mexiko.

18 Oswald mit
Arbeitskollegen in Minsk

Während Oswalds kubanische Träume im Frühjahr 1961 neu erblühten, übernahm in Washington ein neuer Präsident die Amtsgeschäfte: John F. Kennedy. Wenn er an Kuba dachte, bekam er Alpträume.

Rückkehr nach Amerika

Im Juni 1961 stellen Lee Harvey Oswald und seine Frau Marina bei den sowjetischen Behörden den Antrag auf Ausreise in die USA. Damit beginnt ein monatelanger Spießrutenlauf. Marina ist zu dieser Zeit mit der gemeinsamen Tochter June schwanger.

In ihrer Heimatstadt Minsk muss sie dem Arbeitskollektiv der Klinik, in der sie arbeitet, Rede und Antwort stehen. Der Minsker Chef der sowjetischen Jugendorganisation Komsomol führt das Verhör. Er will wissen, ob sie sicher sei, dass Oswald

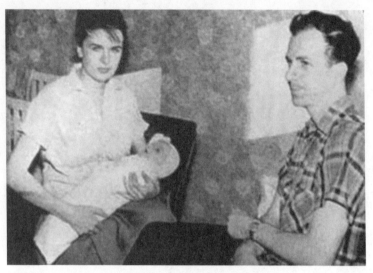

19 Marina und Lee Harvey Oswald mit Tochter June

kein Spion sei, und ob sie sich über die Konsequenzen eines
Vaterlandsverrates im Klaren sei. Wenige Tage später wird sie aus
dem Komsomol ausgeschlossen. Die meisten Freunde wenden
sich von ihr ab und ihr Onkel Ilya Prusakova, in dessen Haus sie
vor der Heirat mit Oswald lebte, öffnet ihr und ihrem Mann
nicht mehr die Tür. Oswald schreibt seinem Bruder Robert: »Du
kannst dir nicht vorstellen, was für eine Belastung das ist ... Die
Russen können grausam, manchmal sehr grausam sein. Sie
haben meine Frau noch an dem Tag, an dem wir aus Moskau zu-
rückkamen, ins Kreuzverhör genommen. Sie wussten einfach
alles, weil sie uns ausspionieren und unsere Post lesen. Aber wir
werden weiterhin versuchen hier rauszukommen. Wir werden
nicht nachgeben.« (16)

Das Warten zermürbt das Eheleben der Oswalds. Die Aufzeichnungen der KGB-Wanzen – inzwischen der Forschung zugänglich – sprechen Bände. Häufig kommt es zu hasserfüllten
Auseinandersetzungen. Anlass für die Streitereien sind banale
Dinge wie Marinas angebliche Faulheit in Haushaltsdingen oder

Oswalds Versagen im Bett, wenn er wieder einmal einen vorzeitigen Orgasmus hat.

Marina erinnert sich später in ihren autobiographischen Interviews mit Priscilla McMillan eher an die romantischen Phasen der Ehe. »Alik«, wie sie Lee nennt, habe gerne geputzt und gewaschen. Dabei habe er stets gute Laune gehabt und gesungen: Das Lied des Wolgaschiffers, die Songs von Harry Belafonte, Rimski-Korsakov, Rachmaninoff oder eine Opernarie von Tschaikowski. Oswald kannte ganze russische Opern auswendig.

Im Mai 1962 hat das Ehepaar Oswald endlich alle Papiere und Genehmigungen zusammen. Amerika rückt in greifbare Nähe. Mit dem Zug geht es bis Rotterdam, dann weiter mit dem niederländischen Passagierdampfer *Maasdam* nach New York. An Bord schreibt Oswald sein Schiffstagebuch, eine Abrechnung mit den autoritären Fehlentwicklungen in der Sowjetunion und

20 Abschied von Minsk

Holland-America Line

R.M.S. 10

capital commites of beauracrits are on top of all that a last finial O.K. has to come from, inreadibly the Moscow ministry of foreign affairs!! the withering away of the state as marx envisualized was a unforeseeable mistake pointed out by many critizes of marx.

the second mistake Engles and marx made is much more obsure but fundementally just as important

In the late 1860's Engles wrote Anti Duhring which rightly critized Eugen Duhring's, a german idealist who was supposabley not consistent enough in his materialsm for the dialectical materilist marx. In his critizism englis of Duhring Engles said with much heavy sarcism that Duhring only changed a word in his putting forward of his social revolutionary ideas that ....

21 Aus Oswalds Schiffstagebuch

ein Plädoyer für eine ideologische Neuorientierung des Marxismus: »Wie viele haben schon versucht, die Wahrheit hinter den Klischees des kalten Krieges zu entdecken? Ich habe unter beiden Systemen gelebt und nach Antworten gesucht. Obwohl es sehr einfach gewesen wäre, mich selbst hinters Licht zu führen und zu glauben, ein System sei besser sei als das andere, weiß ich, so ist es nicht. Nach der atomaren Katastrophe werden die Überlebenden sowohl vom Kapitalismus als auch vom Sozialismus genug haben. Sie werden zu den Systemen, die sie ins Elend stürzten, eine Alternative suchen.« (17)

Die Klassiker des Marxismus, so Oswald, hätten sich geirrt. Ihre Theorie vom »Absterben des Staates« in der kommunistischen Gesellschaft sei falsch. Im Gegenteil sei es in den sozialistischen Ländern zu einer gefährlichen Konzentration der politischen Macht gekommen. Oswalds Gegenmodell könnte man als basisdemokratisch bezeichnen: »Echte Demokratie kann nur auf lokaler Ebene verwirklicht werden. Solange die zentralistischen, staatlichen, administrativen, politischen und kontrollierenden Regelungen fortbestehen, kann es keine wirkliche Demokratie geben, die sich nur als lose Konföderation von Gemeinwesen auf nationaler Ebene denken ließe, ohne eine wie auch immer geartete zentralistische staatliche Lenkung... Es ist meine Absicht, eine solche Alternative aufzuzeigen.«

Das Schiffstagebuch liegt im Original in der Kennedy-Abteilung des Nationalarchivs der USA und ist für die Forschung zugänglich. Dieses Dokument, entstanden in der engen Kabine der *Maasdam*, zeigt, dass Lee Harvey Oswald eine gute Beobachtungsgabe und für einen Amerikaner seiner Herkunft eine erstaunliche politische Bildung und analytische Fähigkeit besaß. Er schrieb kühl, unabhängig und leidenschaftlich zugleich, redlich bemüht, sich im Dschungel der marxistisch-leninistischen Rabulistik zurechtzufinden. Ihn bewegten die großen Fragen der Weltpolitik, die Niederungen des Alltags waren ihm lästig. Nach dem ideologischen Bruch mit der Sowjetunion (die Volksrepublik

China hielt er für genauso autoritär und menschenfeindlich) blieb für ihn nur ein Land übrig, das die Bezeichnung sozialistisch verdiente: Kuba. Für dieses revolutionäre Projekt war er bereit, zu kämpfen. Würde man ihn rufen?

Oswalds Gedanken über den drohenden Atomkrieg werden schnell bittere Wirklichkeit. Als er mit seiner Familie nach Nordamerika aufbricht, verlässt zeitgleich eine Regierungsdelegation Moskau in Richtung Havanna. Sie bringt eine dringende und geheime Botschaft des sowjetischen Parteichefs Chruschtschow nach Kuba. Darin warnt er Castro eindringlich vor der Gefahr einer neuen Invasion der USA, und schlägt ihm vor, auf der Karibikinsel – direkt vor der Nase von Onkel Sam – Atomwaffen zu stationieren. (18)

Diese kühne Idee des sowjetischen Parteichefs wird die Menschheit an den Abgrund der atomaren Katastrophe führen – und sie wird eine dramatische Wende im Leben von Lee Harvey Oswald bewirken. Der schmächtige Jungkommunist, der an Bord der *Maasdam* an seinem politischen Programm schreibt, ahnt noch nicht, dass er im Zentrum eines politischen Hurrikans landen wird.

Von der Utopie zum Terror

Die ersten Monate nach der Rückkehr aus der Sowjetunion kommt die Familie bei Oswalds Bruder Robert in Fort Worth unter, bevor sie eine eigene Wohnung in Dallas findet. Die Oswalds sind in diesem Spätsommer damit beschäftigt, ihren Alltag zu organisieren. Unterstützung erhalten sie dabei von Oswalds Bruder und dessen Familie sowie von der kleinen russischen Exilgemeinde in Dallas, die sich rührend um die Integration der Neuankömmlinge aus Minsk kümmert. Oswald bekommt einen Job im Fotolabor Jaggars-Chiles-Stoval. Dort bastelt er sich einen neuen Ausweis auf den Namen »Hidell«. Marina spottet: »Das klingt ja wie Fidel.« Unter seinem Decknamen legt sich Oswald ein Postfach zu, in das er sich marxistische Zeitschriften zustellen lässt: *Militant* und *Worker*, das Organ der Kommunistischen Partei der USA.

Nachbarn und Freunde haben den Eindruck, dass Oswald sich langsam mit den Realitäten aussöhnt. Seine versponnenen kommunistischen Ansichten werden achselzuckend hingenommen. Sein väterlicher Freund, der Exilrusse Baron George De Mohrenschildt, beschreibt seine nächtelangen Diskussionen mit Oswald rückschauend recht wohlwollend: »Obwohl er durchschnittlich aussah, ohne bemerkenswerte Gesichtszüge und von mittlerer Größe, offenbarte er im Gespräch alle Charakteristika von Konzentration, Gedankentiefe und Unbeugsamkeit. Dieser Mann stand zu seinen Überzeugungen und scheute sich nicht, sie in die Arena zu werfen ... Er war ein sehr gebildeter Amerikaner mit undefinierbarem Hintergrund. Er war sozial engagiert, ein Träumer und Wahrheitssucher.« (19)

De Mohrenschildt diskutiert mit Oswald auch über Kennedys Regierungspolitik. Laut Marina habe Lee dabei »gut« von Kennedy gesprochen. Er erkannte an, dass Kennedy mehr für die Gleichberechtigung der Schwarzen getan habe als alle Präsidenten vor ihm.

Im Herbst 1962 jedoch verdüstert sich Lees Stimmung. Er liest zu dieser Zeit *Mein Kampf* von Adolf Hitler sowie Orwells Bücher *1984* und *Animal Farm*. Oft ist er gereizt und schlägt Marina, wenn es zum Streit kommt. Anfang 1963 zwingt er sie dazu, einen Brief an das sowjetische Konsulat in Washington zu schreiben, in dem sie darum bittet, mit ihrer Tochter June in die Sowjetunion zurückkehren zu können. Oswald will seine Familie loswerden. Schließlich nimmt die Gewalt in der Ehe solche Ausmaße an, dass die russische Gemeinde von Dallas beschließt, Marina zeitweise bei einer anderen Familie in Sicherheit zu bringen.

Was ist mit Oswald los? Woher kommt der Hass? Keiner kann sich die dramatische Verhaltensänderung erklären. Niemand bemerkt, dass Oswald ein zweites, geheimes Leben führt. Aus dem politischen Utopisten ist ein Anhänger des politischen Terrors geworden. In diesem Winter 1962/ 1963 beginnt Oswald damit, seinen ersten politischen Mord zu planen. Im Visier hat er den rechtsradikalen General Edwin Walker. Walker ist ein fanatischer Antikommunist und Feind der kubanischen Revolution. Er führt von Dallas aus die rechtsradikale *John Birch Society*. Um General Walker zu töten, bestellt sich Lee Harvey Oswald am 17. 1. 1963 bei einem Versandhandel eine kurzläufige Pistole. Ein politischer Attentäter betritt die Bühne der Weltpolitik.

Wenige Wochen vor dem Attentat gegen Walker werden Oswald und seine Frau Marina zu einer Party bei ihrem russischen Freund und Förderer George de Mohrenschildt eingeladen. Auf dieser Party offenbart Oswald sein politisches Denken einem Unbekannten, der ihm den ganzen Abend aufmerksam zuhört. Es handelt sich um den deutschen Geologen Volkmar Schmidt.

22 Volkmar Schmidt 2005

Ich mache ihn im kanadischen Calgary ausfindig. Das Flugzeug gerät vor der Landung in einen Schneesturm. Man sieht nicht einmal mehr die Flügelspitzen des Flugzeugs. Wir gleiten durch die graue Schneewatte, die uns bis auf den Boden begleitet. Dreimal muss der Pilot ansetzen, bevor er die Landung riskiert. Als ich vor der Tür von Volkmar Schmidts Holzhaus stehen, zeigt das Thermometer 33 Grad minus.

Volkmar Schmidt ist ein blitzgescheiter Gelehrter mit feinen und scharfgeschnittenen Gesichtszügen, der als junger Mann in Heidelberg studiert hat. Er gilt als einer der besten Ölgeologen der Welt. Eigentlich wollte er Förster werden, aber seine liberalen politischen Auffassungen hätten in den fünfziger Jahren nicht in die Fakultät »gepasst«. Also wurde er Geologe und arbeitete im Forschungslabor von Mobile Oil in Dallas, als ihn die Einladung seines Bekannten De Mohrenschildt erreichte.

Die Party fand am 13. Februar 1963 statt. De Mohrenschildt habe ihn vorgewarnt: das junge Ehepaar Oswald werde auch kommen. Oswald sei im vergangenen Jahr aus der sowjetischen Emigration zurückgekehrt und habe eine Menge Probleme. Ein Pechvogel, sozial entstamme er dem *white trash*. Nach Schmidts Erinnerung sagte De Mohrenschildt, Oswald habe eine sehr harte Kindheit gehabt, er brauche Unterstützung. »Ich war gerne bereit dazu«, erzählt Schmidt. »Es waren nur wenige Gäste anwesend. Marina Oswald saß, bildhübsch und in großartiger Haltung, wie eine Madonna auf dem Sofa. Lee war getrennt von ihr und saß alleine am Fenster. Mir fielen seine für einen jungen Mann ungewöhnliche starre Haltung und sein verbissener Gesichtsausdruck auf.

Ich wurde ihm vorgestellt und blieb den ganzen Abend mit ihm in ein intensives Gespräch verwickelt. Er erzählte mir von seiner Zeit bei den Marines, von seinen Erfahrungen in der Sowjetunion. Ich bewunderte seinen Mut. Es gehört schon einiges dazu, auf eigene Faust in die Sowjetunion auszuwandern.

23 Marina Oswald

Seine Analyse des Sowjetsystems war klug und realitätsnah. Er kritisierte an diesem System vor allem die ständige Gängelung der Menschen. Das sei genauso schlimm wie die Ausbeutung der Arbeiter in Amerika. Die Unterdrückung der Menschen in der Sowjetunion sei totaler und allumfassend. Das US-System sei im Vergleich flexibler.

Kuba war seine neue Hoffnung. Er glaubte, dort sei der Sozialismus lockerer und humaner. Er sah in Kuba, ein Modell für andere Völker in der Dritten Welt. Er war klug und konnte durchaus beeindrucken; was mich störte, war seine Besessenheit. Er glaubte, er sei dazu berufen, politisch etwas Wichtiges zu tun. Er wollte Macht.

Kennedy passte eigentlich nicht als Opfer in Oswalds Ideologie, denn er war ja kein Rechter. Trotzdem konzentrierte sich Oswalds Hass ganz auf Kennedy. Das machte mir an dem Abend zunehmend Sorgen. Ich fühlte, dass dieser Mann sehr gefährlich war. Er verdammte Kennedy wegen dessen Kuba-Politik, weil er glaubte, Kennedy wolle den Sozialismus auf Kuba, den einzig wahren in der ganzen Welt, zerstören.

Er war ein Fanatiker, der seine Gefühle absolut kontrollieren konnte. Er bewahrte den ganzen Abend, an dem wir diskutierten, seine Haltung. Lee war starr in seinem Denken, richtig verbissen. Er hatte nicht die Kraft, positiv durch sein Leben zu gehen. Ein Dostojewskischer Charakter – besessen von seinen Ideen bis zur Selbstaufgabe. In gewisser Weise erinnerte mich Lee an Hitler. Als ich fünf Jahre war, kam Hitler in meine Heimatstadt Heidelberg. Er fuhr im offenen Wagen durch unsere Straße und ich konnte ihn aus dem Fenster sehen. Meine Enttäuschung war riesig: Das war kein richtiger Mensch – er kam starr und steif wie ein Zinnsoldat daher. Und genauso war Oswald – nur politisch nicht so begabt.«

Ob Oswald auf dieser Party auch über General Walker gesprochen habe, will ich wissen. Schließlich fand die Party kurz vor dem ersten Attentat Oswalds statt. Schmidts Mundwinkel verzogen sich kummervoll nach unten: »Ich mache mir deswegen schwere Vorwürfe. Vielleicht habe ich ihn erst auf die Idee gebracht, Walker zu erschießen. Denn als er seinen Hass ganz auf Kennedy konzentrierte, sagte ich ihm: Kennedy ist doch ein guter und sozial eingestellter Politiker, warum unternehmen Sie nichts gegen Leute, die wirklich gefährlich sind, so wie dieser General Walker?«

Volkmar Schmidt macht sich die Vorwürfe zu Unrecht. Oswald hatte schon länger den Plan, General Walker, den er für den »Hitler« Amerikas hielt, zu töten. Was Volkmar Schmidt auch nicht ahnen konnte: Oswald war im Februar 1963 mehr als nur ein überzeugter Kommunist, der seine Ideen mit Vehemenz verteidigte. Er war bereits Kämpfer an einer unsichtbaren Front im Kalten Krieg. Der Kampf zwischen den USA und dem kleinen sozialistischen Kuba wurde rücksichtslos und mit allen Mitteln geführt. Lee Harvey Oswald war auf diesem Schlachtfeld schon im Herbst 1962 ein Aktivist, ohne dass seine Freunde oder seine Familie es bemerkt hätten.

> *»Es war eine Ehre, solch einen Rivalen*
> *zu haben. Er war nicht mittelmäßig,*
> *er war ein außergewöhnlicher Mann.«*
>
> FIDEL CASTRO ÜBER JOHN F. KENNEDY

3.
Das Duell: Kennedy und Castro

Es ist immer noch nicht leicht, jemanden aus Kennedys innerem Machtzirkel zu finden, der die Wahrheit über seine Kuba-Politik sagt. John F. Kennedy ist in der kollektiven Erinnerung der Amerikaner eine Art Nationalheiliger geworden. Wer verbrennt sich da schon gerne die Zunge, indem er über die dunklen Seiten seiner Präsidentschaft redet? Kuba war seine dunkelste Seite, seine Archillesferse. Er führte heimlich, ohne Zustimmung des Parlamentes, einen illegalen und gefährlichen Krieg gegen Castros sozialistische Insel.

General Alexander Haig war in diesem Krieg einer der Kombattanten und er kannte seine Geheimnisse. Der Kennedy-Kult ist ihm gleichgültig und so ist er schnell zu überzeugen, über Kennedys geheime Kuba-Politik auszusagen. Ich besuche ihn in Arlington, wo er heute eine Unternehmensberatung betreibt, die *Worldwide Associates*. Spezialisiert ist er auf das Gebiet der ehemaligen Sowjetunion und auf China.

Hinter dem Schreibtisch eine mächtige US-Flagge. Auf dem Regal Erinnerungen aus seiner Zeit als Außenminister unter Ronald Reagan und als NATO-Generalsekretär: Miniaturen von Panzern und Geschützen, Ehrenurkunden. Lebenserinnerungen eines Soldaten aus Fleisch und Blut. Schon im Vietnam-Krieg galt er als Hardliner. Als ich ihn vor einigen Jahren in einem Interview fragte, ob die Weihnachtsbombardements von Hanoi nicht ein Kriegsverbrechen im Sinne des Völkerrechts seien, war er so erbost, dass er mich kurzerhand einen »*sewerpipe sucker*« (Abflussrohrlutscher) nannte. Wenn es nach ihm gegangen wäre, dann hätte die US-Luftwaffe noch viel mehr Bomben über nordvietnamesische Städte abgeworfen, um die Moral des Gegners zu brechen. »Dann wäre der Krieg früher zu Ende gewesen.«

Verdeckter Krieg gegen Kuba

Doch der General trägt mir die aus seiner Sicht naive Fragerei in Sachen Vietnam nicht nach und geht bereitwillig und mit hemdsärmeliger Offenheit auf das Thema Kuba ein. Alexander Haig war Stabsmitglied des Verteidigungsministers und hat als Vertreter des Pentagon an einigen Sitzungen des *Cuban Coordination Committees* teilgenommen, einem geheimen interministeriellen

24 General Alexander Haig
2005

Gremium, das den Kampf gegen Kuba koordinierte und von Robert Kennedy persönlich geleitet wurde.

Haig war zuständig für die militärische Koordination des Pentagon mit den exilkubanischen Kampfeinheiten: »Obwohl ich mich nicht gerade als Castro-Anhänger bezeichnen würde, hielt ich den verdeckten Krieg gegen Kuba für einen Fehler. Kennedy scheute vor einer offenen Intervention stets zurück und war von der Idee fasziniert, Castro mit einem Abnutzungskrieg besiegen zu können.

Das Problem von geheimen Kriegen ist, dass er die demokratischen Institutionen korrumpiert. Das Volk, das diesen Krieg bezahlte und das seine Konsequenzen tragen würde, hatte keinen blassen Schimmer davon, dass er überhaupt geführt wurde.

Ich habe als junger Major an diesem Krieg teilgenommen und war für die exilkubanische Brigade und für Kommandoaktionen gegen Kuba verantwortlich. 1963 haben wir im Schnitt pro Woche drei Aktionen durchgeführt und dabei Brücken, Fabriken und Zuckermühlen auf Kuba vernichtet. Bobby Kennedy war nicht nur über alle unsere Operationen informiert, er hat sie selbst mit geplant und ihre Ausführung überwacht. Er war von seiner Aufgabe besessen.«

Haigs ungeschminkte Offenheit, mit der er einstige Staatsgeheimnisse ausplaudert, macht mir Mut, ein Tabu-Thema zu berühren: Plante das Kuba-Koordinationskomitee auch die Ermordung Castros? Haig wehrt ab: »Das gehörte nicht zu unseren Aufgaben. Mich hielt man da heraus, weil ich auf Grund meiner politischen Ansichten nicht vertrauenswürdig genug war. Von diesem allergeheimsten Teil des Krieges wussten nur ein paar Leute um Bobby Kennedy herum und in der CIA. Ich kann Ihnen nur so viel sagen: Bobby persönlich ist für mindestens acht Mordversuche gegen Fidel Castro verantwortlich, mit dem Einverständnis seines Bruders. Das muss so gewesen sein, weil die Angelegenheit zu ernst war. Das Problem war, dass viele unserer Aktionen und Kommandounternehmen von Castros Geheimdienst infiltriert waren. Kubaner reden gerne und zu viel. Castro war auf dem Laufenden. Er wusste auch von unseren Versuchen, ihn zu ermorden.«

»Wie kommen Sie darauf?«, frage ich erstaunt.

»Wir erhielten mehrere Warnungen von ihm: Hört auf damit, sonst wird das ein Bumerang. Doch Robert Kennedy war nicht aufzuhalten. Er wollte Castro beseitigen, um jeden Preis.«

Die Ausführungen des Generals sind ein Tabubruch. Wer traut sich sonst schon, die Kennedy-Brüder persönlich für den Mordbefehl gegen Castro verantwortlich zu machen? Ich erzähle dem alten Haudegen, dass ich kurz zuvor einen engen Mitarbeiter Präsident Kennedys zum gleichen Thema interviewt habe, Arthur Schlesinger. Der renommierte Historiker war damals Kennedys Berater für Lateinamerika und vertritt bis heute die These, die CIA habe die Mordpläne an Castro auf eigene Initiative betrieben, gegen den Willen der Kennedy-Brüder und mit dem ausdrücklichen Ziel, ihre Annäherung an Kuba zu hintertreiben. Schlesinger sagte wörtlich: »Wenn Sie die Kennedy-Brüder gekannt hätten, wüssten Sie, was für feinsinnige Menschen das waren. Sie hätten niemals einen Mord in Auftrag gegeben.«

General Haig bricht bei diesem Zitat in ein knurrendes Gelächter aus: »Wer wie Schlesinger warm im Weißen Haus saß, kennt nur die Schokoladenseite Kennedys. Von den unangenehmen Dingen, die Präsident Kennedy tat, hat er keine Ahnung. Es ist sehr einfach, immer der CIA die Schuld zu geben. Aber glauben sie mir: Niemand in der CIA hätte die Verantwortung für Aktionen übernommen, die nicht von ihrem Dienstherrn genehmigt worden wären. Und der Chef der CIA ist nun einmal der Präsident.«

Kampf um Lateinamerika

John Fitzgerald Kennedy und Fidel Castro betraten zur gleichen Zeit die politische Bühne des zwanzigsten Jahrhunderts. Beide waren populäre Ikonen: jung, schön, skrupellos und entschlossen, die Welt nach ihrem Bild zu formen. Am Anfang bewunderten sie einander. Senator John F. Kennedy schrieb 1960 in einem Beitrag für die Zeitschrift *Strategy*, dass er mit der Revolution auf Kuba sympathisiere. Castro sei »ein legitimer Erbe Simon Bolívars«, des Befreiers Lateinamerikas von der spanischen Kolonialmacht. Wenn Castro sein Land in einen »feindlichen und militanten Satelliten der Sowjetunion« verwandelt habe, dann sei die bornierte Außenpolitik der republikanischen Eisenhower-Regierung schuld daran. (20)

Doch als Kennedy selbst Präsident wurde, war es mit der Romanze schon vorbei. Castro hatte sich bereits auf ein enges Bündnis mit der Sowjetunion festgelegt und Kennedy sah in ihm einen Vasallen Moskaus, der die Weltrevolution nach Amerika tragen sollte. Kuba geriet in die Mühlen des Kalten Krieges, und bittere Rivalität zerstörte eine Verständigung zwischen Kennedy und Castro schon im Ansatz. Beide amerikanischen Helden buhlten um das gleiche Publikum. Castro wollte den lateinamerikanischen Kontinent mit Hilfe des Guerillakampfes von Latifundismus und neokolonialer Ausbeutung befreien. Auch Kennedy sah mit großer Klarheit, dass sich Lateinamerika auf eine Revolution zubewegte. Er fasste seine Besorgnis in einem Satz zusammen: »Der Kalte Krieg wird nicht in Lateinamerika gewonnen, aber er könnte dort verloren werden.« (21)

Als Präsident entwickelte er die Idee der »Allianz für den Fortschritt«. Sie sollte ein sozialer Pakt zwischen den Ländern Nord- und Südamerikas sein. Der Pakt, der dann auch tatsächlich gegründet wurde, sollte Lateinamerika von den Militärdiktaturen und vom Großgrundbesitz befreien, um eine »Revolution in Freiheit« in Gang zu setzen. Kennedy konkurrierte mit

Castro um die Herzen der Lateinamerikaner. Auf seinen Reisen nach Mexiko, Peru, Kolumbien und Venezuela wurde er wie ein Volksheld bejubelt. So eine Begeisterung hatte es in Lateinamerika noch für keinen nordamerikanischen Präsidenten gegeben. Vizepräsident Nixon war auf seiner Reise nach Lateinamerika noch mit Steinen beworfen und bespuckt worden.

Die Menschen nahmen Kennedy ab, dass er es mit dem radikalen Reformprogramm für die Dritte Welt ernst meinte. Castro dagegen hielt Kennedys Politik für »Augenwischerei« und setzte dagegen sein Rezept einer bewaffneten Revolution der Armen dieser Welt.

Die kubanische Passion begann für John F. Kennedy am 17. April 1961 mit der lange geplanten Invasion in der kubanischen Schweinebucht. Kennedy hatte dieses Projekt von seinem Vorgänger Eisenhower geerbt und trotz seiner Zweifel am Sinn der Aktion grünes Licht für das riskante Kommandounternehmen gegeben, an dem sich neben 1700 exilkubanischen Brigadisten auch US-Piloten und CIA-Instrukteure beteiligten.

Innerhalb von drei Tagen war die Invasionsarmee in den Sümpfen der Schweinebucht eingeschlossen und von Castros Armee vernichtend geschlagen. Die exilkubanischen Söldner warteten vergebens auf die von Kennedy versprochenen US-Kampfflugzeuge, die die Bodentruppen entlasten sollten. Sie kamen nicht. Kennedy brach sein Wort, weil er das Risiko einer Eskalation nicht tragen wollte. 114 Exilkubaner starben, 1189 wurden gefangen genommen und zu je 30 Jahren Gefängnis verurteilt.

Die Kennedy-Brüder fühlten sich seitdem tief in der Schuld der Exilkubaner und taten in den kommenden Monaten alles, um die überlebenden Angehörigen der Invasionsarmee freizukaufen. Fidel Castro schlachtete die »erste Niederlage des Imperialismus in Amerika« propagandistisch weidlich aus und ganz Lateinamerika lachte über den hilflosen Goliath USA, der vom karibischen David in die Knie gezwungen worden war.

Die Castro-Brüder

Die Niederlage der USA in der Schweinebucht führte zu einer Eskalation des Kalten Krieges, weil sie die andere Supermacht in Versuchung führte. Nikita Chruschtschow verbuchte den Sieg in der Schweinebucht als persönlichen Triumph. Er hatte frühzeitig – zum Missfallen seiner eigenen Militärs – ganz auf die kubanische Karte gesetzt, als er im Januar 1961 öffentlich verkündete, die Sowjetunion werde den »Heiligen Krieg« Kubas gegen den US-Imperialismus bedingungslos unterstützen.

Für Castro scheint es nach der Invasion in der Schweinebucht keinen außenpolitischen Spielraum mehr zu geben. Ob er will oder nicht: Er muss sich enger an die Sowjetunion anlehnen. Sehr zur Freude seines jüngeren Bruders Raúl, der ihn stets dazu gedrängt hat, sich enger an Moskau zu binden. Raúl bittet dann auch gleich um Entsendung sowjetischer Geheimdienstinstruktoren. Sie landen eine Woche nach dem Sieg in der Schweinebucht und gehen sofort ans Werk: Die Schlüsselpositionen in der Armee und im Geheimdienst werden an überzeugte Kommunisten vergeben und in den Wochen nach der Schweinebucht werden auf Kuba 20 000 Oppositionelle verhaftet.

Der Traum von einer unabhängigen Revolution in Freiheit ist schneller ausgeträumt, als selbst seine Protagonisten es sich vorstellen konnten. Altkommunist Anibal Escalante, ein Onkel des späteren Geheimdienstchefs Fabian Escalante, stellt eine Liste mit den Namen von widerspenstigen Führern der Rebellenarmee zusammen, die sich der neuen, kommunistischen Linie nicht beugen wollen. Escalante will sie vom Geheimdienst ermorden lassen. Als er den KGB um Zustimmung bittet, untersagt der Repräsentant des KGB in Havanna diese übereifrige Mordaktion mit den Worten: »Es ist nicht der richtige Zeitpunkt für diese Maßnahmen.« (22)

Ähnlich wie bei den Kennedys gab es auch bei den Castro-Brüdern eine Art Arbeitsteilung. Der jüngere Bruder suchte den Kampf und drängte auf eine radikalere Außenpolitik.

Raúl Castro und Che Guevara, die beiden Kommunisten in der kubanischen Führung, trieben die Entwicklung in Richtung Sozialismus. Für sie war ein »Kampf auf Leben und Tod« gegen den US-Imperialimus unvermeidbar. Fidel Castro war in ihren Augen ein romantischer Sozialrevolutionär mit politischen Illusionen, der nicht bereit war, die bürgerliche Opposition mit eiserner Hand zu zerschmettern. In den Augen der Sowjetunion war der jüngere Castro der bessere und klügere. Raúl war schon lange vor dem Sieg der Revolution, im Jahr 1953, Mitglied der PSP, der kommunistischen Partei Kubas geworden und pflegte enge Kontakte mit Moskau. Aus Furcht vor seinem Bruder hielt Raúl seine Parteimitgliedschaft jahrelang geheim. Denn Fidel wollte zunächst mit den Kommunisten nichts zu tun haben: er hielt sie für feige und bürokratisch. (23) Raúl Castro wirkte im Gegensatz zu seinem Bruder schmächtig, nahezu »weiblich« und hatte nichts von einem lateinamerikanischen Macho. Seine körperlichen Komplexe glich er während des Guerillakampfes durch besondere Härte aus. Nach dem Sieg der Guerillabewegung ließ er dutzende Anhänger des alten Regimes ohne Gerichtsverfahren an die Wand stellen und erschießen. Er verlangte für Kuba die Einführung einer »Diktatur des Proletariats« nach osteuropäischem Muster. Doch Fidel lehnte das anfänglich ab und vertrat das Konzept einer demokratischen sozialen Revolution. Im April 1959 fuhr er zu einer Good-will Tour in die USA, wo er begeistert begrüßt wurde. In mehreren Reden machte er deutlich, dass er sich eine Zusammenarbeit mit den USA vorstellen könnte.

Raúl verfolgte die versöhnlichen Auftritte seines Bruders in den USA mit großer Sorge. Schließlich rief er ihn an, um ihn vor einem Schmusekurs mit den USA zu warnen. Die Sowjetunion sah den internen Grabenkämpfen auf Kuba ratlos zu und wurde aus Fidel nicht schlau: Was will dieser Mann eigentlich? Um das herauszufinden, schickte das KGB im Herbst 1959 einen Repräsentanten, Aleksander Alekseev, nach Havanna. Er bot Fidel Castro an, sowjetische Waffen nach Kuba zu schicken, um die

Revolution zu verteidigen. Castro lehnte ab, weil er die Unabhängigkeit des Landes erhalten wollte. Doch die wirtschaftlichen Probleme Kubas wuchsen und im Februar 1960 nahm Castro einen sowjetischen Kredit über 100 Millionen Dollar an. Im März schickte Chruschtschow einen Blankoscheck an Castro mit dem Angebot, er könne davon so viele Waffen kaufen, wie er brauche.

Am 8. November 1960 konnte der KGB-Repräsentant auf Kuba Vollzug melden: In einem nächtlichen Gespräch hatte Fidel sich dem Führungsanspruch Moskaus endlich unterworfen. Fidel wolle dafür sorgen, dass die Kommunisten Kubas die Schlüsselpositionen in Staat und Wirtschaft besetzten. Der erstaunte Alekseev erfuhr auch, dass Fidel Castro schon immer ein Marxist-Leninist gewesen sei und auch seinen kleinen Bruder Raúl in diesem Sinne erzogen habe. Dann fügte Castro den Satz hinzu, auf den Nikita Chruschtschow lange gewartet hatte: »Moskau ist unser Gehirn und unser großer Führer.« (24)

Raúl Castro war am Ziel: Direkt vor der Nase von Onkel Sam

25 Raúl Castro 1959

wurde nun ein marxistisch-leninistischer Staat mit allem Drum und Dran errichtet: einer allmächtigen Geheimpolizei, der Beseitigung der Gewaltenteilung und der »bürgerlichen Justiz«. Ein omnipotenter Staat riss sämtliche Produktionsmittel des Landes an sich. Hunderttausende flohen vor dem revolutionären Terror nach Florida, wo sie die Trainingslager der Konterrevolution füllten.

Die Invasion in der Schweinebucht war zweifellos ein schwerer politischer Fehler Kennedys. Sie trieb Kuba erst recht in die Arme Chruschtschows. Es hätte auch andere Optionen gegeben. Denn zwischen Kennedy und Castro gab es auch Gemeinsamkeiten.

Havannas für John F. Kennedy

Ausgerechnet Che Guevara, der in der Castro-Regierung als kommunistisch orientierter Hardliner galt, unternahm einen letzten Versuch, den Konflikt mit den USA zu entschärfen. Auf der Konferenz der amerikanischen Finanzminister im uruguayischen Punta del Este im August 1961, wenige Monate nach der Schweinebucht-Invasion, traf er auf Richard Goodwin, den Sonderbeauftragten Kennedys für Lateinamerika. Ein argentinischer Diplomat eröffnete im Auftrag Che Guevaras die Partie: »Che Guevara wettet darauf, dass Sie sich nicht trauen, eine kubanische Zigarre zu rauchen.« Zu dem Zeitpunkt hatte die US-Regierung bereits ein Embargo gegen Waren aus Kuba verhängt und der Konsum kubanischer Zigarren war in den USA verboten. Als Goodwin abends in sein Hotelzimmer kam, standen zwei Kisten bester kubanischer Zigarren auf dem Tisch, eine für ihn und eine für John F. Kennedy, diese mit einem nicht zu übersehenden kubanischen Staatssiegel. Dazu eine Notiz mit den Worten: »Da es recht schwierig ist, einem Feind zu schreiben, beschränke ich mich darauf, ihm meine Hand zu geben. Che.«

Offiziell durfte Goodwin nicht mit dem kubanischen Delegationsleiter sprechen, doch Guevara fädelte nach dem offiziellen Ende der Konferenz ein Treffen auf einer Privatparty ein, wo er den Nordamerikaner mit den Worten begrüßte: »Ich möchte mich für die Invasion in der Schweinebucht bedanken. Sie ist der Grund dafür, dass jetzt alle Leute hinter uns stehen und wir die Opposition der Mittelschichten ausschalten konnten.« (25)

In dem Gespräch, das bis zum Morgengrauen währte, schlug Che Guevara eine Art Waffenstillstand vor und bat die USA darum, das Handelsembargo aufzuheben und Kuba in die Wohltaten der »Allianz für den Fortschritt« einzubeziehen. Im Gegenzug würde Kuba die enteigneten nordamerikanischen Unternehmen entschädigen und darauf verzichten, die Revolution in andere Länder zu exportieren. Che Guevara betonte in dieser Nacht die Gemeinsamkeiten mit Kennedy: »Wir beide repräsentieren die einzigen linken Regierungen auf dem amerikanischen Kontinent.«

Zurück in Washington berichtete Goodwin sofort über seinen politischen Flirt mit Che Guevara. Doch Kennedy nahm das Angebot aus Havanna nicht besonders ernst, umso mehr interessierte er sich für Ches Zigarren. Als er einen tiefen Zug aus der ersten Havanna genommen hatte, erschrak er und sagte zu Goodwin: »Sie hätten die Erste rauchen müssen.« Wahrscheinlich war ihm in diesem Moment eingefallen, dass die CIA versucht hatte, Castro mit Hilfe einer vergifteten Zigarre umzubringen.

Ches Zigarrendiplomatie hatte keine Folgen. Eine Annäherung an Kuba war so kurze Zeit nach dem Schweinebucht-Desaster innenpolitisch nicht durchzusetzen. Auch in Kuba wurden die Weichen schnell wieder auf Konfrontation gestellt und Fidel Castro selbst zerschnitt das Handtuch in einer sehr kriegerischen Rede: »Das Seil des Henkers und der Erhängte können einander auch nicht verstehen, genauso wenig wie der Sklave sich mit der Kette verständigen kann. Der Imperialismus ist die Kette. Eine

Verständigung ist unmöglich. Eines Tages wird es Beziehungen mit den USA geben – wenn dort eine Revolution stattgefunden hat.« (26)

Robert Kennedys Vendetta

In den USA führte Justizminister Robert Kennedy die Fraktion der Hardliner an. Er forderte Revanche für die Schweinenbucht und machte den Krieg gegen Kuba zu seiner ganz persönlichen Angelegenheit. Dabei ging es auch um Gefühle, nicht nur um die Nationale Sicherheit. Ohne den leidenschaftlichen Hass des jüngeren Kennedy ist die tragische Zuspitzung des Konfliktes zwischen Kuba und den USA nicht zu verstehen. Nur wer den verborgenen emotionalen Konflikten zwischen den Protagonisten auf die Spur kommt, kann das ganze Ausmaß einer irrationalen Leidenschaft verstehen, mit dem Robert Kennedy das Schicksal herausforderte.

Er kam über die Demütigung nicht hinweg, die Castro der Familie Kennedy in der Schweinebucht zugeführt hatte. Dieser kleine »bärtige Bastard«, wie er Fidel Castro zu bezeichnen pflegte, sollte dafür büßen. Am Ende der Schweinebuchtexpedition, am 19. April 1961, schrieb er seinem Bruder einen Brief: »Unsere langfristigen politischen Ziele in Kuba sind für unser Überleben sehr viel wichtiger als alles, was in Laos, im Kongo oder sonst irgendwo auf der Welt passiert ... Die Zeit für einen Showdown ist gekommen, denn in einem oder zwei Jahren wird die Lage viel schwieriger sein.« (27)

Robert Kennedy fürchtete, dass die Sowjetunion Kuba bald in einen waffenstarrenden und nahezu unangreifbaren Außenposten ihres Imperiums verwandeln würde, sollten die USA zu lange mit der Rückeroberung Kubas warten. Er hatte es eilig und nutzte seine Macht als Minister, Bruder und engster Vertrauter des Präsidenten. John F. Kennedy vertraute ihm bedingungslos.

Die Welt seines Bruders waren die Hinterzimmer der Macht und die inoffiziellen Gesprächskontakte. Er wurde eine Art Richelieu des Weißen Hauses, der sich den dunklen und gefährlichen Seiten des Regierungsgeschäftes widmete, um seinen Bruder zu entlasten – und um seinen Ruf zu schützen. Nichts durfte das Image des strahlenden und moralisch reinen Präsidenten beflecken.

Kein Wunder, dass John F. Kennedy seinem Bruder auch die Aufsicht über die Geheimdienste übertrug und als Kommandanten des unerklärten, geheimen und schmutzigen Krieges gegen Kuba einsetzte. Ein geheimes interministerielles Gremium koordinierte den Krieg gegen Castro: Die *Special Group Cuba*, deren Name später in *Cuban Coordination Committee* umgewandelt wurde. Leiter der Gruppe war Robert Kennedy.

Ende 1961 waren die Kriegsplanungen abgeschlossen und Robert Kennedys »Operation Mongoose« konnte beginnen. Namenspatron ist der Mungo, ein fleischfressendes Raubtier aus Indien, das in der Biologie auch der »perfekte Killer« genannt wird. Das Tier ist auf das Töten von Ratten spezialisiert. In einem Memorandum definierte der Operationschef, General Edward Landsdale, das Ziel von *Mongoose:* »Die Vereinigten Staaten wollen dem kubanischen Volk helfen, das kommunistische Regime von innen zu stürzen. Die USA erkennen an, dass der endgültige Erfolg ein energisches militärisches Eingreifen der USA erfordert.« (28)

Das Hauptquartier von *Mongoose* wurde auf einem Militärgelände in der Nähe des Zoos von Miami angesiedelt. Die Ruine des riesigen, mehrstöckigen Holzgebäudes steht heute noch. 1000 CIA-Offiziere nahmen an dem Programm gegen Kuba teil, die wiederum 3000 kubanische und US-amerikanische Kontraktagenten anführten. Nie zuvor hatte die CIA so viel Geld und so viele Möglichkeiten, geheime Operationen durchzuführen.

Der unerklärte Krieg wurde mit allen Mitteln geführt: Mit Subversion, militärischen Kommandoaktionen, Sabotage und dem Mittel des politischen Mordes. Die kubanische Regierung fühlte sich zu Recht als Opfer eines Terrorfeldzuges – und sie entwickelte im Lauf des Jahres 1962 Pläne, mit gleicher Münze heimzuzahlen. Auge um Auge. Zahn um Zahn.

Im Auge des Hurrikans

Chruschtschows Antwort auf »Operation Mongoose« ist die heimliche Stationierung von Atomraketen auf Kuba, um die Insel des Sozialismus vor einer US-Invasion zu schützen. Er will seinen strategischen Vorposten in der Karibik auf keinen Fall verlieren, denn aus seiner Sicht entscheidet sich das Schicksal der sozialistischen Weltrevolution in Lateinamerika. Kuba ist die Speerspitze. Gelingt es hier, den US-Imperialismus zu besiegen, dann wird es überall gelingen. Chruschtschow will Spuren in der Geschichte hinterlassen: Noch zu seinen Lebzeiten soll der Wettlauf der Systeme mit einem Sieg des Sozialismus enden. Es wird ein Kampf auf Leben und Tod. Kuba ist das Fanal. Und Kuba ist bereit, seine Mission durchzuführen. Fidel Castro erklärt die Strategie: »Die Vereinigten Staaten können uns nichts mehr anhaben, wenn ganz Lateinamerika in Flammen steht.« (29)

Am 29. Mai 1962, als Lee Harvey Oswald noch auf hoher See ist, empfängt Fidel Castro die sowjetische Delegation und hört sich Chruschtschows Raketenpläne an. Nach anfänglichen Zweifeln ist er von der Idee begeistert: Kuba wird mit 40 auf die USA gerichteten Atomraketen und 50 000 Mann sowjetischem Militärpersonal nahezu unangreifbar sein. Unter dem Schutzschild der Atomraketen kann Kuba dann den Export der Revolution nach Lateinamerika ungehindert vorantreiben.

Am 4. Oktober 1962 erreicht der russische Frachter *Inidigirka* den kubanischen Hafen Mariel, an Bord die erste Lieferung atomarer Sprengköpfe, 45 Stück. Sie haben die zwanzigfache Explosivkraft von allen alliierten Bomben des Zweiten

Weltkrieges zusammen. Am 14. Oktober entdecken US-Aufklärungsflugzeuge bei einem Flug über Kuba die heimlich gebauten Abschussrampen für Nuklearraketen. Kennedy lässt daraufhin die sowjetischen Schiffe mit Atomraketen für Kuba auf hoher See stoppen und verhängt eine Quarantäne. Beide Supermächte drohen mit dem Einsatz von Nuklearraketen. Tagelang steht die Menschheit am Abgrund einer Katastrophe – bis Nikita Chruschtschow in letzter Minute nachgibt und die Raketen wieder abzieht. Kennedy garantiert dafür im Gegenzug, dass es vom Boden der USA aus keine Invasion Kubas mehr geben würde.

Die Weltöffentlichkeit ist überzeugt: Kennedys großes politisches Geschick hat die Menschheit vor der atomaren Katastrophe gerettet. Er ist der Sieger und sonnt sich im Erfolg seines Krisenmanagements. Chruschtschow hat ihm sogar versprochen, die Unterstützung der lateinamerikanischen Guerillabewegungen einzustellen. Damit hält Kennedy das Kuba-Problem im Wesentlichen für gelöst. Was kann der karibische

26 Nikita Chruschtschow
und Fidel Castro

Zwerg jetzt noch gegen die USA ausrichten? Kuba ist keine Bedrohung mehr für die nationale Sicherheit der USA und Kennedys Sicherheitsberater McGeorge Bundy schlägt vor, nun auch mit Kuba politische Verhandlungen zur friedlichen Beilegung des Konfliktes zu führen.

Zauberlehrling Fidel

Robert Kennedy jedoch zieht andere Schlussfolgerungen aus dem politischen Sieg in der Raketenkrise. Diese hat nämlich als Nebenwirkung zu einem tiefen Riss in den Beziehungen zwischen der Sowjetunion und Kuba geführt. Nikita Chruschtschow scheint nun bereit, seinen unberechenbaren und allzu risikobereiten karibischen Zauberlehrling fallen zu lassen. Der mit John F. Kennedy eng befreundete Journalist Ben Bradlee schreibt in einem Artikel der *Newsweek*, Chruschtschow habe der US-Regierung den vertraulichen Hinweis gegeben, er werde nichts unternehmen, sollte Fidel Castro etwas zustoßen. Dabei beruft sich Bradlee auf eine »hochrangige Quelle« im Weißen Haus. Das war bei seinen Artikeln stets der Präsident selbst. Robert Kennedy glaubt nun, er könne Fidel Castro »beseitigen« ohne ein Eingreifen der Sowjetunion zu riskieren. Die Versuchung ist groß.

Nach dem Zusammenbruch des Sowjetreiches konnten die Historiker Aleksander Fursenko und Timothy Naftali die Kuba-Dokumente aus den Archiven des Politbüros und des Militärgeheimdienstes einsehen. Sie fanden handfeste Beweise dafür, dass die Raketenkrise vom Herbst 1962 tatsächlich zu einer dramatischen Krise im kubanisch-sowjetischen Verhältnis geführt hatte. Castro war Ende 1962 politisch isoliert, nackt und verwundbar.

Das Zerwürfnis beginnt mitten in der Raketenkrise vom Oktober 1962. Während Chruschtschow nach einem diplomatischen Ausweg sucht, bei dem er sein Gesicht wahren kann, heizt Fidel

Castro den Konflikt an, weil er hofft, damit werde die Weltrevolution ausgelöst. Auf dem Höhepunkt der Raketenkrise, am 27. Oktober 1962, als beide Supermächte hunderte von Atomraketen aufeinander gerichtet haben, fordert er Nikita Chruschtschow in einem Telegramm indirekt dazu auf, den atomaren Erstschlag gegen die Ostküstenstädte der USA zu führen, um einem amerikanischen Angriff zuvorzukommen: »Das ist der richtige Moment, um eine solche Gefahr für immer zu eliminieren. Es wäre ein klarer Akt legitimer Selbstverteidigung. Auch wenn die Lösung hart und schrecklich ist, es gibt keine andere.« (30)

Chruschtschow ist entsetzt über Castros Leichtsinn und reagiert mit einem undiplomatischen Antwortbrief: Es wäre kein einfacher Angriff gewesen, sondern der Beginn eines weltweiten Atomkrieges... Die Vereinigten Staaten hätten zwar enorme Verluste hinnehmen müssen, aber die Sowjetunion und alle anderen Staaten der sozialistischen Welt wären ebenfalls betroffen gewesen... Das kubanische Volk wäre heldenhaft untergegangen. (31)

Chruschtschow hält Fidel Castro für nicht mehr zurechnungsfähig und trifft die notwendigen Entscheidungen allein. Castro erfährt aus dem Radio, dass die Atomraketen aus Kuba abgezogen werden. Bei einem Wutausbruch nennt er Chruschtschow einen »feigen Schwulen ohne Eier«, tritt gegen die Wand und zerschlägt einen Spiegel. (32)

In einem Brief an Chruschtschow vom 31. Oktober schreibt er sich seine Enttäuschung von der Seele: Die Meldung über den sowjetischen »Rückzug« habe die »Augen unzähliger Kubaner und Sowjetbürger mit Tränen gefüllt, die bereit waren, in größter Würde zu sterben«. (33)

Chruschtschow sendet schließlich seinen Vertrauten Anastas Mikojan nach Kuba, um die kubanische Führung zu beruhigen. Vergebens. Fidel Castro und Che Guevara werfen Mikojan vor, die Sowjetunion hätte mit ihrer »Kapitulation« den Imperialismus ermuntert, noch aggressiver gegen Kuba vorzugehen. Mikoyan wird zur Strafe zu Parteiversammlungen an die Basis geschickt, auf denen er mit faulem Obst beworfen wird. Castro teilt dem geschockten Emissär aus Moskau außerdem mit, er habe befohlen, US-Flugzeuge abzuschießen, die den Abzug der sowjetischen Raketen überwachen sollen.

In tiefer Depression schreibt Mikoyan einen Bericht über seine nächtlichen Debatten mit den kubanischen Führern an Chruschtschow: »Es sind gute Leute, aber von schwierigem Charakter. Sie sind maßlos, emotional, nervös, leicht erregbar. Sie explodieren schnell aus Ärger und konzentrieren sich auf ungesunde Weise auf Trivialitäten. Bittere Gefühle besiegen bei ihnen häufig die Vernunft.« (34)

In dieser Zeit der Verstimmung mit dem großen Bruder rekrutiert der kubanische Geheimdienst massiv neue Agenten und »Kämpfer« in den Ländern Lateinamerikas, aber auch in den USA. Castros Getreue vertrauen jetzt nur noch auf ihre eigene Kraft. Die operative Abteilung des Geheimdienstes will auch im »Herzen der Bestie« eine fünfte Kolonne aufbauen. Die USA sollen von innen her angegriffen werden können. G-2-Offiziere gehen in Mexiko und in den USA auf die Suche nach geeigneten Kadern, um die Freiwilligenarmee der Revolution aufzufüllen. Auch Lee Harvey Oswald gerät im Herbst 1962 ins Visier der kubanischen Headhunter.

> *Kuba ist die Gräte, die Kennedy im*
> *Hals steckt.«*
>
> NIKITA CHRUSCHTSCHOW, 1963

4.
Post vom KGB

Das Rechercheglück kommt manchmal auf krummen Wegen daher. Den ersten Hinweis darauf, dass Lee Harvey Oswald schon bald nach seiner Rückkehr in die USA von einer unsichtbaren Hand geführt wurde, finde ich zu meiner großen Überraschung in Maryland, in den immensen und zum Teil noch nicht erforschten Aktenbeständen des Nationalarchivs der USA zum Fall John F. Kennedy. Hier liegen Dokumente mit über 6 Millionen Seiten, dazu hunderttausende von Tonaufzeichnungen.

Kein Forscherleben ist lang genug, um sich durch diesen Datenfriedhof zu wühlen. Auch das von Gus Russo nicht. Seit 30 Jahren forscht er wie ein Besessener zum Thema Kennedy. Dabei hat er keine Zeit gehabt, zum Frisör zu gehen und sich neue Klamotten zu kaufen. Er sieht aus, als ob er eben von einer Demonstration gegen den Vietnamkrieg in den siebziger Jahren nach Hause gekommen ist. Sein Haus in Baltimore ist über drei Stockwerke gefüllt mit wackligen Regalen voller Bücher und Dokumente. Als einzigen Luxus leistet er sich einen Porsche, mit dem er fast täglich ins Nationalarchiv im College-Park von Maryland fährt.

Vor Jahren stieß er bei seinen Ausgrabungen im Archiv auf einen dicken Packen Papier, eine Lebensbeichte, von Hand auf spanisch geschrieben. Gus wusste mit dem Dokument nichts anzufangen, aber irgendwie blieb das vage Gefühl, dieses Manuskript könnte für die Lösung des Mordfalls Kennedy von Bedeutung sein.

Wir lassen uns die Akte noch einmal kommen: ein handgeschriebenes Manuskript, 565 Seiten dick. Die Lebensgeschichte von Antulio Ramírez Ortiz, der sich selbst als den ersten Flugzeugentführer der Menschheitsgeschichte bezeichnet. Er hat seine Erinnerungen im Jahr 1976 im Gefängnis von Leanenworth, Kansas, aufgeschrieben.

Ramírez entführte am 1. Mai 1961 ein Flugzeug der *National Airlines* von Miami aus nach Kuba. Dort wurde er nicht etwa verhaftet, sondern bekam politisches Asyl und einen Job beim militärischen Geheimdienst G-2. Er wohnte in einer Villa des Dienstes im Stadtteil Miramar und ließ es sich gut gehen: Daiquiri, Frauen und Partys, das Leben eines karibischen James Bond. In seinen Aufzeichnungen entdecke ich zunächst nichts, was auf den Fall Kennedy hinweist. Erst auf Seite 167 des Manuskriptes steht ein Satz, der uns den Atem stocken lässt: Im Büro seines Chefs fand Antulio Ramírez angeblich eine Akte mit der Aufschrift: *Oswaldo–Kennedy*. Darin ein Foto Lee Harvey Oswalds und ein Vermerk: »Der KGB hat uns dieses Individuum empfohlen.« (35)

Ein Satz, der uns elektrisiert. Wenn zutrifft, was Ramírez behauptet, haben sowohl die russische, als auch die kubanische Regierung jahrzehntelang gelogen. Der KGB hat stets versichert, er habe die Akte Oswald endgültig geschlossen, nachdem Oswald die Sowjetunion im Sommer 1962 verlassen hatte und Fidel Castro erklärte unmittelbar nach dem Attentat in Dallas, seine Regierung sei erst nach der Ermordung Kennedys auf die Existenz eines gewissen Lee Harvey Oswald aufmerksam geworden.

Antulio Ramírez

Was ist aus Ramírez geworden? Wir müssen ihn unbedingt finden, falls er noch lebt. Sein Name taucht in keinem Telefonverzeichnis und in keiner Adressen-Suchmaschine auf. Wie vom Erdboden verschluckt. Schließlich versuche ich es unter dem Nachnamen seiner Mutter: Ortiz. Mit Erfolg. Eine *people-finder*-Suchmaschine im Internet spuckt einen Antulio Ortiz in Los Angeles aus, 80 Jahre alt. Das könnte hinkommen. Vielleicht habe ich Glück, denn der Vorname Antulio ist äußerst selten. Eine Telefonnummer ist nicht verzeichnet, also versuche ich es über den Hausverwalter José, einen Mexikaner. Beim ersten Anruf bleibt er sehr diskret, erst müsse er die Ehefrau fragen, ob sie einen Kontakt wolle. Warum die Ehefrau, will ich wissen, ist Antulio Ramírez nicht mehr am Leben? Doch, versichert der Hausverwalter, aber er sei im Krankenhaus. Sehr schlecht ginge es ihm, zwei Herzinfarkte hat er überlebt und jetzt hat er ein Magengeschwür. Beim nächsten Anruf frage ich den Hausverwalter, ob Ramírez ihm etwas von seiner Vergangenheit auf Kuba erzählt habe? »Ja, er hat ein Flugzeug entführt, um nach Kuba zu kommen. Er hat mir von vielen Abenteuern erzählt.« Volltreffer. Wir haben den richtigen Mann gefunden.

Zwei Wochen nach dem ersten Anruf ist Antulio Ramírez wieder auf den Beinen und lädt mich ein, nach Los Angeles zu kommen. Ein sehr dünner, quirliger alter Mann mit schelmischen, braunen Augen begrüßt mich und stellt mir seine große Liebe Cora vor, die er 1969 auf Kuba kennen lernte und heiratete. Jahrelang habe er sie »belästigen müssen«, bevor sie ja sagte und sich von ihrem vorherigen Ehemann scheiden ließ. Die Flugzeugentführung? Ach, dieser »Jugendstreich« mit unangenehmen Folgen.

Als er Kuba im Jahr 1976 wieder verließ, wurde er in Jamaika verhaftet und an die USA ausgeliefert. Dort verurteilte ein Gericht ihn zu zwanzig Jahren Gefängnis wegen Flugzeugentfüh-

27 Antulio Ramírez 2005

rung. Er musste allerdings nur zehn Jahre absitzen. Den Straf-
nachlass gab es, weil er ein Veteran des Zweiten Weltkrieges ist.
Er hatte 1944 als Puertorikaner mit der US Army in Bayern ge-
kämpft. Seine Augen leuchten, als er von Deutschland erzählt:
»Da habe ich eine wunderschöne blonde Frau kennen gelernt,
wie hieß sie noch mal?« Er wendet sich hilfesuchend an seine
Frau und bittet sie, das Foto seines deutschen Schatzes zu suchen.
Cora antwortet, sie habe es schon vor Jahren weggeworfen.

»Naja«, sagt Antulio, »du brauchst nicht eifersüchtig sein,
schließlich habe ich das Flugzeug nur entführt, um zu dir nach
Kuba zu kommen.« Cora bricht in ein fröhliches Gelächter aus:
»Aber Tuli«, sagt sie, »da kanntest du mich doch noch gar
nicht.« »Egal«, antwortet er charmant, »dann wollte ich dich
eben unbedingt finden.«

Antulio Ramírez reist das erste Mal im Jahr 1958 nach Kuba,
um sich zu Fidel Castros Guerillaarmee durchzuschlagen. Im Ge-
päck hatte er eine geheime Botschaft für Fidel Castro: Der im

Exil lebende ehemalige kubanische Präsident Grau bot einen politischen Pakt an, um die Diktatur mit vereinten Kräften zu stürzen. Antulio Ramírez sollte die Botschaft zu Castro in die Berge der Sierra Maestra im Osten Kubas bringen.

Doch am Fuß des Gebirges, auf der Straße nach Palma Soriano, wurde er vom kubanischen Militär abgefangen, verhaftet und wegen »aufständischer Umtriebe« zu drei Jahren Gefängnis verurteilt. Am 1. Januar 1959 befreite ihn Castros Guerillaarmee.

Nach dem Triumph Castros kehrt Ramírez in die USA zurück, diesmal mit einem Auftrag der Revolutionsregierung. Er soll das Agentennetz des dominikanischen Diktators Rafael Trujillo infiltrieren, einem Erzfeind Fidel Castros. Castro will herausfinden, ob und wann Trujillo eine Invasion Kubas plant. Der rechtsgerichtete Diktator Trujillo sieht in Castros Revolution eine tödliche Bedrohung für sein Regime und plant einen bewaffneten Überfall.

Bei Ramírez neuem Abenteuer geht einiges schief. Er schafft es zwar, dominikanische Agenten in New York zu kontaktieren, doch die Spione Trujillos versuchen, ihn abzuwerben und bieten ihm 100 000 Dollar, wenn er die Seiten wechselt und Fidel Castro umbringt. Als er dankend ablehnt, muss er sich vor den Killerkommandos Trujillos in Sicherheit bringen und setzt sich nach Miami ab. An eine legale Ausreise ist nicht mehr zu denken, denn die Beziehungen zwischen den USA und Kuba sind inzwischen abgebrochen.

Als der Boden in den USA für ihn zu heiß wird, kauft sich Antulio Ramírez für 13 Dollar einen Revolver und kapert am 1. Mai 1961 eine Maschine, den Flug Nummer 337 der *National Airlines* auf dem Weg von Miami nach Key West. Ramírez erinnert sich daran wie an einen Ausflug.

»Ich sagte dem Piloten: ›Du kannst fliegen, wohin du willst, aber vorher setzt du mich in Havanna ab.‹ Er wollte meinen Namen wissen und ich sagte ihm: ›El Confresi‹. Die US-Behörden haben lange gebraucht, um herauszufinden, dass Confresi ein berühmter karibischer Pirat war.«

Nach der Landung in Havanna wird Ramírez ins Hauptquartier des Geheimdienstes G-2 gebracht und tagelang verhört. Es ergeben sich keine Anhaltspunkte für eine CIA-Infiltration. Die Offiziere bewundern seinen Mut und er darf im Gebäude der operativen Abteilung des Dienstes wohnen, einer prächtigen Bürgervilla in der 5. Avenida zwischen der 12. und 14. Straße im Stadtteil Miramar: »Alle kannten und mochten mich. Auch die Kommandanten. Ich plauderte mit Fidel, mit Che Guevara. Am meisten aber mit Comandante Ramiro Valdés, der als Chef der Geheimdienste ein Büro in der 5. Avenida hatte. Er wurde später Innenminister.«

Die Akte »Oswaldo–Kennedy«

Den ersten großen Ärger mit der Revolutionsregierung bekam Ramírez, als er mit Olga, der Gattin eines hohen sowjetischen Militärberaters, eine heimliche Affäre begann. Der Oberst erwischte die beiden in flagranti, und das führte zu diplomatischen Verwicklungen. Am liebsten erzählt Antulio Ramírez solche und andere Frauengeschichten aus Havanna.

Es kostet mich ein bisschen Überredungskunst, ihn zu einem Themawechsel zu bewegen. Hatte er in seinem kubanischen Tagebuch nicht auch ein paar Zeilen über Kennedy und Oswald geschrieben? »Ja, natürlich«, auch daran kann er sich erinnern und holt ein bisschen aus: »Die G-2 hatte in Washington einen Agenten mit dem Decknamen ›profesor‹. Er war in unmittelbarer Nähe von Kennedy platziert. Schon kurz nach der Schweinebucht-Invasion meldete dieser Agent, dass Kennedy eine neue Invasion Kubas plane, diesmal besser vorbereitet als die erste. Die besten Leute der G-2 steckten daraufhin ihre Köpfe zusammen und machten sich Gedanken darüber, wie man Kennedy eliminieren könnte. Kennedy war dem kubanischen Geheimdienst sehr verhasst.«

28 Die ehemalige Geheimdienstvilla, in der Antulio Ramírez wohnte

Bei diesen Worten zuckt Antulios Frau Cora erschrocken zusammen und bittet ihren Mann, sich zurückzuhalten. Das Thema sei zu gefährlich. Doch Antulio lässt sich nicht mehr bremsen: »Nach so langer Zeit kann mir nichts mehr passieren. Das ist Geschichte. Außerdem habe ich das meiste vergessen.«

Einmal sei Kommandant Ramiro Valdés mit einer Milizionärin namens Migdalia in ein Stundenhotel abgezogen. Diese Chance habe er genutzt, um in das Büro des Chefs zu schleichen. Es war unbewacht. Antulio wollte seine Personalakte lesen, um herauszufinden, was der Geheimdienst über ihn dachte und ob er ihm wirklich vertraute.

Antulio zögert und sucht in seinem Gedächtnis, bevor er sagt: »Besser, ich lese nach. Es ist zu lange her.« Er kramt aus einem großen braunen Umschlag eine Kopie seiner handgeschriebenen Erinnerungen an 15 Jahre Kuba. Das Original hat er vor Jahren einem Freund geliehen und nie zurückbekommen. Antulio Ramirez hält das Papier mit den Armen weit von sich und liest ohne Lesebrille und kräftiger Stimme: »In meiner Akte

29 Aus Ramírez' kubanischem Tagebuch

waren zwei Kopien der Verhöre, die man mit mir durchgeführt
hatte. An eine der Kopien waren Fotos geheftet. Als ich meine
Akte zurücklegte, fiel mein Blick auf eine andere mit der Aufschrift: ›Oswaldo–Kennedy‹. Den Namen ›Oswald‹ hatte ich
noch nie vorher gehört. In der Akte stand: ›Der KGB empfiehlt
uns Lee Harvey Oswald, aber ohne großen Nachdruck. Dieser
Nordamerikaner ist mit einer KGB-Agentin verheiratet, die Anweisung hat, sich mit ihm in den USA niederzulassen. Oswald
ist ein emotional gesteuerter Abenteurer. Unsere Botschaft in
Mexiko hat Anweisung, sich mit ihm in Verbindung zu setzen.
Vorsichtig! gez. I-2‹

Das Dokument war auf gelbem Papier verfasst. Eine Milizionärin namens Pastora hat mir die Farbenlehre erklärt. Wenn ein
Personaldokument gelb ist, bedeutet das: Wenn dieses Individuum benutzt wird, dann muss es gleich danach eliminiert werden.«

Leider kann sich Antulio Ramírez beim besten Willen nicht
daran erinnern, wann genau er auf die Akte Oswald stieß. »Ir-

gendwann im Jahr 1962.« Wenn seine Aussage stimmt, wird sie die Kennedy-Forschung revolutionieren. Bislang galt als anerkannter Forschungsstand: Der sowjetische Geheimdienst KGB hatte mit Oswald nichts mehr zu tun, nachdem er das Land im Juni 1962 verlassen hatte. Antulio Ramírez' Geschichte wirkt auf den ersten Blick wie eine karibische Seifenoper.

Um die Glaubwürdigkeit des Zeugen zu überprüfen, forschen Gus Russo und ich im Nationalarchiv der USA nach, ob es weitere Unterlagen über ihn gibt, die inzwischen deklassifiziert und damit für die Forschung zur Einsicht freigegeben sind. Und siehe da: Wir sind nicht die Ersten, die sich für seine Autobiographie interessieren. Am 11. April 1978 wurde Ramírez vom Kongressausschuss *Politische Morde (HSCA)* zu einer nicht-öffentlichen, geschlossenen Sitzung vorgeladen. Stundenlag stand er Rede und Antwort. Die Mitglieder des Untersuchungsausschusses entschieden sich am Ende jedoch, seine Zeugenaussage nicht zu verwenden. Zur Begründung heißt es im Abschlussbericht: »Das Komitee ersuchte von FBI und CIA unabhängiges Beweismaterial für die Exaktheit von Ramírez' Behauptungen, aber es gab keine untermauernden Fakten für die Existenz einer ›Oswaldo–Kennedy‹-Akte. Auf der anderen Seite stellten sich alle Behauptungen Ramírez (z.B. die Identitäten der von ihm benannten kubanischen Beamten), für die es unabhängige Beweise gab, als korrekt heraus. Letztendlich war das Komitee gezwungen, Ramírez Geschichte über die »Oswaldo–Kennedy«-Akte zu verwerfen. Der entscheidende Faktor war die Überzeugung des Komitees, dass das kubanische Geheimdienstsystem in der Zeit von 1961 bis 1963 zu weit ausgereift war, um von Ramírez in der Art und Weise, die er beschrieben hat, infiltriert zu werden.« (36)

Ein glaubwürdiger Zeuge, dem man nicht glauben mag. Antulio selbst sagt zu seinem misslungenen Auftritt vor dem Untersuchungsausschuss: »Danach beschloss ich, meine Geschichte für mich zu behalten. Die Nordamerikaner sind einfach zu blöd. Sie verstehen uns Latinos nicht. Sie können sich nicht vorstellen, was 1962 in Havanna los war. Fidels Geheimdienst befand sich noch in den Anfängen. Kein Mensch wunderte sich darüber, dass ich in den Büros herumspazierte. Es herrschte eine Mischung aus Stalinismus und Anarchie.«

Bevor Ramírez vom Untersuchungsausschuss *Politische Morde* vor die Tür gesetzt wurde, hatte die Lateinamerikaabteilung der CIA im März 1978 seine Angaben überprüft und kam zu dem Ergebnis, Ramírez sei ein »glaubwürdiger Zeuge«. Alle Angaben über die Offiziere des kubanischen Militärgeheimdienstes G-2, die er kennen gelernt hatte, seien überprüft worden: »Die meisten der Codenamen, die er angeblich auf den Vermerken der G-2-Akten gesehen hat, wurden als jene von G-2-Offizieren identifiziert. Außerdem ist anzunehmen, dass jemand, der ein Flugzeug kidnappt, auch Akten durchwühlt. Nichts deutet darauf hin, dass Ramírez die Geschichte erfunden hat.« (37)

Der Zeuge Castro

Louis Stokes, der Vorsitzende des Untersuchungsausschusses *Politische Morde*, und sein Chefberater Robert Blakey entschlossen sich, einen der vielleicht wichtigsten Zeugen für eine kubanische Mitverantwortung zu ignorieren. Sie konnten oder wollten sich eine kubanische Verwicklung in das Attentat nicht vorstellen und ließen die Spuren, die in diese Richtung führten, nicht weiter ermitteln. Stattdessen flogen sie nach Havanna, um Fidel Castro selbst zu fragen, ob er beim Attentat gegen Kennedy Regie geführt hatte. Fidel Castro sagte »nein« und damit war der Fall für den Untersuchungsausschuss erledigt. Im Abschlussbericht heißt es: »Das Komitee glaubt auf der Grundlage der ihm zugänglichen Beweise, dass die kubanische Regierung nicht in die Ermordung von Präsident Kennedy verwickelt war.« (38)

Castro hat es im Vergleich zum Zeugen Antulio Ramírez sehr viel einfacher, die Mitglieder des Untersuchungsausschusses von seiner Seriosität zu überzeugen, wie ein Blick in das Protokoll seiner Vernehmung zeigt: Eine revolutionäre Plauderstunde, in der der *comandante en jefe* den ehrfürchtig lauschenden Parlamentariern die Welt erklärt. Statt Fragen nach den Kontakten der kubanischen Staatssicherheit zu Oswald zu beantworten, hebt er zu einem langen Exkurs in die ruhmreiche Geschichte des Marxismus an, der schon immer den Mord am politischen Gegner als Mittel des politischen Kampfes abgelehnt habe: »Unser Gewissen ist rein. Es gibt nichts Wichtigeres auf der Welt als ein reines Gewissen ... Wer sollte hier so etwas Delikates wie die Ermordung des amerikanischen Präsidenten organisiert oder geplant haben? Das wäre verrückt. Die Führer der Revolution machen keine verrückten Sachen. Das wäre für die Vereinigten Staaten der perfekte Vorwand gewesen, Kuba anzugreifen.« (39)

Immerhin fragt der Abgeordnete Louis Stokes nach, ob es zutreffe, dass Oswald bei seinem Besuch in der kubanischen Botschaft in Mexiko ein Angebot gemacht habe, Kennedy zu töten. Castro antwortet mit Nachdruck und gleichzeitig ausweichend: »Wenn jemand zu uns gekommen wäre, um zu sagen, dass er Kennedy töten wollte, dann wäre es unsere moralische Pflicht gewesen, die Vereinigten Staaten zu informieren.« Der Untersuchungsausschuss gibt sich mit dieser Antwort zufrieden und stellt keine weiteren Nachfragen, obwohl er vom FBI darüber informiert war, dass Castro der FBI-Quelle Jack Childs Anfang 1964 genau das Gegenteil erzählt hatte. Damals verriet Castro dem nordamerikanischen KP-Führer, dass Oswald im September 1963 in der kubanischen Botschaft das Angebot gemacht hatte, Kennedy zu ermorden.

Statt Castro ins Kreuzverhör zu nehmen, erliegen die US-Abgeordneten seinem eloquenten Charme und entschuldigen sich bei ihm für die Mordversuche der CIA. Die seien ihnen sehr peinlich und sie »schämten« sich dafür. Senator Dodd versichert dem kubanischen Präsidenten gar, er sei von seinen Erläuterungen »tief beeindruckt«.

Der Untersuchungsausschuss *Politische Morde* hat im Jahr 1978 die Chance gründlich vertan, Oswalds Spuren in Mexiko aufzuklären. Wichtige Zeugen wie Oscar Contreras oder Helena Paz Garro wurden überhaupt nicht gehört. Möglicherweise war die innenpolitische Situation in den USA der Grund für die politische Einäugigkeit des Ausschusses: Das Feuer des liberal dominierten Kongresses konzentrierte sich ganz auf die anti-castristischen Gruppen in Florida, auf die Mafia und auf die CIA, deren Verwicklung in politische Morde und andere illegale Aktionen gerade erst ans Licht gekommen war. Amerika war damit beschäftigt, sich politisch selbst zu sezieren und den moralischen Verfall seiner Institutionen zu beklagen.

Telegramm aus Moskau

Seitdem der Untersuchungsausschuss *Politische Morde* seine Aussage 1978 als unglaubwürdig einstufte, hat Antulio Ramírez seine Geschichte für sich behalten. Ich bleibe ein paar Tage bei ihm in Los Angeles und bei den stundenlangen Spaziergängen am Strand von Venice festigt sich mein erster Eindruck: Antulio ist ein prima Kerl, aufrichtig, heiter und überhaupt nicht verbittert. Es gibt in seinen Erzählungen über seine 15 Jahre Leben in Kuba auch keinerlei Widersprüche. Am Ende sind die Zweifel verflogen. Welches Motiv sollte er auch haben, eine solch abenteuerliche Geschichte zu erfinden? Trotzdem: Seine Aussage ist so schwerwiegend, dass sie durch eine andere Informationsquelle abgesichert werden muss. Die zweite Quelle darf keinerlei Beziehungen oder Querverbindungen zu Ramírez haben.

Ein alter Draht nach Moskau könnte weiterhelfen. »Nikolai« – sein richtiger Name darf nicht genannt werden – ist ein hochrangiger Offizier des russischen Geheimdienstes FSB, der Nachfolgeorganisation des KGB. Er hat mir schon bei anderen Recherchen zuverlässige Informationen aus dem inneren Zirkel des russischen Geheimdienstes beschafft – und er war schon 1963 als junger Geheimdienstoffizier beim KGB beschäftigt. Vielleicht weiß er, ob der KGB damals ein Oswald-Dossier nach Havanna geschickt hat.

Auf eine nähere Beschreibung von Nikolais Lebensgeschichte und seiner Motive muss hier verzichtet werden. Jeder biographische Hinweis kann dazu führen, dass seine Identität in Moskau aufgedeckt wird. Obwohl das Thema Oswald nicht mehr die nationale Sicherheit Russlands tangiert, ist es FSB-Offizieren streng verboten, geheime Dokumente und Informationen außerhalb des Geheimdienstes zu verwenden. Wer dabei erwischt wird, muss mit 15 Jahren Zwangsarbeit in einem sibirischen Straflager rechnen. Das würde Nikolai nach eigener Einschätzung nicht überleben. Die Treffen mit ihm können deshalb niemals in Russland selbst stattfinden und jede Verabredung erfordert einen wochenlangen und nervenzehrenden logistischen Aufwand. Doch die Mühe soll sich lohnen.

Ich trage Nikolai mein Anliegen vor. Er hat den Fall Lee Harvey Oswald nur am Rande verfolgt. Nach seiner Erinnerung wurde die Akte im Sommer 1962 endgültig geschlossen, als Oswald die Sowjetunion verlassen hat. Der KGB sei heilfroh gewesen, als er der Sowjetunion den Rücken kehrte. In der Schlussbeurteilung des KGB-Chefs von Minsk habe gestanden, Oswald sei »ideologisch ungefestigt«, ein »notorischer Nörgler« und als »Agentenmaterial« unbrauchbar.

Irritiert hätte ihn allerdings, so Nikolai, dass auch Oswalds Ehefrau Marina, geborene Prusakova, innerhalb weniger Wochen die Genehmigung erhielt, gemeinsam mit ihrem Mann auszuwandern – und das mitten im Kalten Krieg: »Sie war ein sauberes Mädchen aus einer anständigen Familie. Ihr Onkel Ilya war Generaloberst im belorussischen Innenministerium. Schon deswegen hätte sie nicht ausreisen dürfen. Humanitäre Gründe für eine Ausreise waren dem KGB fremd. Sie wurde nur herausgelassen, weil der KGB mit ihr Pläne als Perspektivagentin hatte.

Vor der Abreise hat man mit ihr gesprochen: Der KGB würde nach ein paar Jahren mit ihr Kontakt aufnehmen, wenn sie sich in den USA etabliert hätte. Das war der Deal.«

Lee Harvey Oswald hingegen sei für den KGB nicht mehr interessant gewesen. Gewogen und für zu leicht befunden. Doch Nikolai verspricht, sich unter seinen alten Kameraden umzuhören. Zwei Monate später kommt die Rückmeldung: Er hat etwas gefunden. Wir treffen uns in einem kleinen Bergdorf in Österreich. Nikolai steht das Erstaunen über seine Entdeckung noch im Gesicht geschrieben. Sie hat sein Weltbild erschüttert. Denn bislang war er, wie die meisten seiner Kollegen im KGB, zutiefst davon überzeugt, dass die CIA hinter der Ermordung Kennedys steckte. Und nun das: Ein ehemaliger General, der das Kennedy-Attentat innerhalb des KGB untersucht hatte, hat ihm gebeichtet: Der KGB hat Lee Harvey Oswald im Sommer 1962 tatsächlich an die kubanische Bruderorganisation »weiterempfohlen«.

Er, Nikolai, habe das nicht glauben wollen und sei unter dem Vorwand eines aktuellen Arbeitsvorhabens in das Archiv des KGB gegangen: »Auf einem Mikrofilm sah ich dann mit eigenen Augen, dass es tatsächlich eine Information an die kubanische Staatssicherheit gibt. Es ist ein Geheimtelegramm nach Havanna vom 18. Juli 1962. Unterzeichnet von Generalmajor Krutschkow. Ich habe versucht, mir den Wortlaut des Telegramms einzuprägen. Denn Aufzeichnungen oder gar Kopien kann ich im Archiv auf keinen Fall anfertigen. Das Risiko wäre mir zu hoch. Das Telegramm ist an den kubanischen Geheimdienstchef Valdés adressiert. Sein Inhalt: Lee Harvey Oswald hat die Sowjetunion verlassen, um sich mit seiner sowjetischen Frau Marina in den USA niederzulassen. Er sei ›ideologisch ungefestigt‹ und ›psychisch labil‹. Krutschkow bittet seinen kubanischen Amtskollegen Valdés darum, Oswald zu beobachten.«

Durch Nikolais Fund im KGB-Archiv sind die restlichen Zweifel an der Aussage von Antulio Ramírez vom Tisch: Der kubanische Geheimdienst hat tatsächlich schon im Sommer 1962 von Oswalds Existenz erfahren. Was geschah mit dem KGB-Telegramm, nachdem es in Havanna eingetroffen war? Wurde Oswald kontaktiert? Nur ein Insider kann diese Frage beantworten, jemand, der sich in den Eingeweiden des Geheimdienstes auskennt.

Die erste Wahl ist Fabian Escalante, Spiritus Rector und langjähriger Chef des kubanischen Geheimdienstes. Anfang der sechziger Jahre war der Liebling Raúl Castros schon als junger Offizier für die Spionageabwehr und für die Infiltration der exilkubanischen Szene in den USA zuständig. Er müsste wissen, ob und wie Lee Harvey Oswald kontaktiert wurde.

Havanna: In der Höhle des Löwen

»No hay problema« – so als ob es kein Problem sei, den Kopf des kubanischen Geheimdienstes zu treffen. Brigadegeneral Fabian Escalante, der stolz darauf ist, in seinem langen Berufsleben über 100 Attentate auf Fidel Castro verhindert zu haben, tut am Telefon so, als sei es für ihn das normalste der Welt, einen unabhängigen Journalisten, der für ein feindliches Medium arbeitet, nach Kuba einzuladen und mit ihm über John F. Kennedy und Lee Harvey Oswald zu fachsimpeln. Wir sind gerade auf einer Drehreise in Mexiko und wollen auf dem Rückweg nach Deutschland einen Zwischenstopp in Havanna machen. Das Einreisevisum, so Escalante, läge für uns bereit.

Einen Tag vor dem Flug nach Havanna finde ich eine lapidare E-Mail von ihm: Er müsse aus dienstlichen Gründen in die Provinz verreisen. Das Interview fällt aus. Anruf in seinem Büro in Havanna, um zu erfahren, was dahintersteckt. Eine männliche Stimme teilt mir mit, »Fabian« sei in die »Provinz« gereist. Anrufen? Nein, das könne ich nicht, weil er kein Telefon habe. Das klingt nach einer schlechten Ausrede. Der General kneift, oder jemand, der noch mächtiger ist als er selbst, hat ihm einen

Maulkorb verpasst. Wir fliegen enttäuscht nach Deutschland zurück.

Vier Wochen später wendet sich das Blatt. Der General schickt eine E-Mail und entschuldigt sich dafür, dass er verhindert gewesen sei. Jetzt würde es ihm besser passen. Eine Finte? Trotz des Risikos einer erneuten Bauchlandung fliegen wir noch einmal los. Keiner im Team glaubt wirklich, dass sich der Herrscher über Kubas Schattenreich den unangenehmen Fragen wirklich stellen wird, die wir für ihn im Köcher haben.

Havanna empfängt uns mit einem Wolkenbruch. Die Fahrt zum Hotel in der Altstadt gerät zum Wasserski. Der Strom ist ausgefallen. Wir fahren durch eine Geisterstadt. Höhlengleich die Hauseingänge der halbzerfallenen Kolonialbauten. Die Fassaden wirken wie zerfurchte Grimassen voller Narben, angefressen vom schwefelsauren Salzwasser des Ozeans. Das Wasser steht 10 bis 20 Zentimeter hoch in den Straßen, die Schlaglöcher sind unsichtbar und tückisch. An den hinteren Stoßstangen der rostigen Linienbusse hängen Trauben halbnackter Jungen, die auf dem Wasser surfen, auf einer Gummimatte, einem Stück Pappe oder nur auf den nackten Fußsohlen.

Am nächsten Morgen hat der Regen aufgehört. Die Stadt dampft unter der Feuchtigkeit. Schon um 10 Uhr klettert das Thermometer auf 40 Grad. Auf dem Weg zur Presseabteilung des Außenministeriums sehe ich vom Taxi aus überall die Zeichen der blühenden Schattenwirtschaft. Eine Frau sitzt im Hauseingang und versucht, zwei Tomaten und eine Gurke zu verkaufen. Auf den Bürgersteigen machen sich private Suppenküchen und Fahrradreparaturwerkstätten breit. Überall verkaufen die Menschen ihre Waren oder ihren Körper. Der Taxifahrer hat seine Ware immer dabei. Mit einer Kopfbewegung deutet er nach hinten. Auf dem Rücksitz liegt eine junge Schönheit in knallgelben Jeans. Preisvorstellung des Taxifahrers: zehn Dollar.

Die Ausstellung der Presseausweise verzögert sich, denn gerade ist der Strom im ganzen Viertel ausgefallen. »Kommen Sie morgen wieder«, heißt es lapidar. Am nächsten Morgen geht dann alles ganz schnell. General Escalante ist bereit.

Wir fahren die Uferstraße Malecón entlang, warme salzige Wellen schwappen in sporadischen Abständen über die Paare, die auf der Ufermauer sitzen. Links taucht die Ständige Vertretung der USA auf, ein klotziges modernes Gebäude, in dessen Fenstern Schriftzüge leuchten, Zitate aus der Menschenrechtserklärung der Vereinten Nationen. Ein paar Wochen später wird Fidel Castro hier ein gigantisches Baugerüst errichten lassen um die ganze US-Vertretung hinter riesigen Planen verschwinden zu lassen. Der Propagandakrieg kennt keine Pause.

Den Fluss Almendares unterqueren wir durch einen Tunnel. Am anderen Ende erwartet uns eine andere Welt. Palmengesäumte Prachtalleen, Tausendwurzelbäume mit riesigen, schlangengleichen Luftwurzeln und die leuchtend roten Blüten des Affenbrotbaumes in den Gärten der sorgfältig restaurierten Villen. Auch der alte Country Club ist wieder eröffnet worden. Allein die Aufnahmegebühr beträgt 10 000 Dollar. Schwarze Haut sieht man kaum auf dieser Seite des Flusses. Die neue Klasse, die das Land beherrscht, ist weiß.

An der Hauptschlagader, der fünften Avenida, fehlen die sonst üblichen revolutionären Parolen an den Hauswänden. Es gibt keine rostigen sowjetischen Ladas, auch keine alten Chevrolets aus den fünfziger Jahren. Fast nur frisch importierte Vehikel, in denen sich die Angehörigen der neuen Elite fortbewegen: Mercedes Benz und Peugeot. Die fünfte Avenida ist das Zuhause der ausländischen Investoren, der kubanischen Manager und der staatlichen Import- und Exportfirmen. Die größte davon heißt CIMEX.

Der Kopf: General Escalante

In dieser schönen neuen Welt arbeitet auch General Escalante. Nachdem er als Geheimdienstchef ausgeschieden war, fiel er Ende der neunziger Jahre wegen ideologischer Anfälligkeit für Glasnost und Perestroika zeitweilig in Ungnade und musste als Parkplatzwächter über die Runden kommen. Inzwischen ist er rehabilitiert und residiert in einer wunderschönen alten Miramar-Villa. Auf die Frage, was denn zurzeit seine Funktion sei, antwortet er unwillig und mit einem knappen: »Kontrolle der CIMEX.« Nachfragen nutzt gar nichts. Es bleibt bei »*control*«. Wahrscheinlich hat Fidel Castro ihn auserwählt, den für Korruption anfälligen Außenhandel in den Griff zu bekommen. Escalante ist seit 1959 einer von Castros »Männer des Vertrauens«.

Ein Mann mit Luchsaugen und hartem Blick. Sein massiver Körper ist auf Angriff eingestellt. Er lehnt sich entspannt zurück, nimmt meine Fragen sportlich, so, als könne ihn nichts mehr überraschen. Er zuckt nicht einmal mit der Wimper, als ich ihm von dem KGB-Telegramm berichte, das den kubanischen Geheimdienst schon im Sommer 1962 über die Existenz eines gewissen Lee Harvey Oswald in Kenntnis setzte. Die Antwort kommt wie aus der Pistole geschossen: »Das ist eine Fälschung. Wenn das Telegramm echt wäre, würde ich es ja kennen. Das ist der Beweis, dass es falsch ist.«

»Angenommen, es ist eine Fälschung, wie soll sie in das streng gesicherte KGB-Archiv hineingekommen sein?«

Der General lehnt sich zurück, während er sich die Antwort in Ruhe überlegt: »Geschätzter Freund, das Archiv des KGB war früher einmal das Archiv des KGB, jetzt ist es etwas anderes. 1994 traf ich in Moskau den Genossen, der jahrelang Chef des KGB-Archivs gewesen ist. Von dem erfuhr ich, dass gerade eine Gruppe nordamerikanischer Forscher in den Archiven der Partei und des KGB arbeitete. Diese Leute könnten doch alles mögliche in die Akten gelegt haben?«

30 Brigadegeneral Fabian Escalante 2005

Abgesehen davon, dass ausländische Forscher niemals das KGB-Archiv selbst betreten können, sondern nur ausgewählte Schriftstücke präsentiert bekommen, welchen Sinn macht es, im Jahr 1994 ein Telegramm mit Datum Juli 1962 zu fabrizieren und dann ins KGB-Archiv zu schmuggeln? Bei dieser Frage wird auch dem General ein wenig unwohl. Seine Unterlippe beginnt leicht zu zittern. Aber dann richtet er mit energischem Schwung den Oberkörper auf, lässt den Zeigefinger auf mich niedersausen, so dass er fast in meinem Auge landet und beendet seinen Gedanken: »Ich weiß nicht, wie der amerikanische Geheimdienst es gemacht hat, aber ich weiß, wozu die CIA in der Lage ist. Damit habe ich eine Menge Erfahrung. Es ist so viel gefälscht und gelogen worden. Es gibt kluge Menschen, die bezweifeln, dass die Bilder von Amerikanern auf dem Mond echt sind. Waren sie wirklich auf dem Mond? Es scheint so, aber ich bezweifle es. Was ist Wahrheit, was ist Lüge?«

Während er noch genussvoll meine Verblüffung beobachtet, sieht Escalante den Moment für einen Gegenangriff gekommen:

»Sie suchen in die falsche Richtung. Jedes Kind weiß doch, dass Oswald eine Fabrikation der CIA ist. Er war nur ein unwissendes Werkzeug bei dem Versuch der Mafia, der Ultrarechten und der Exilkubaner, mit Hilfe der CIA einen Staatsstreich gegen Kennedy durchzuführen. Sie hassten Kennedy. Er hatte zu viele Feinde in den USA, er war zu fortschrittlich. Der Plan war, ihn und gleichzeitig Fidel in einer gut koordinierten Aktion aus dem Weg zu räumen.«

»Schöne Theorie«, wende ich ein, »aber welche Beweise haben Sie dafür?«

Auch auf diese aufdringliche Frage weiß der General eine Antwort: »Fragen Sie die CIA. Die Beweise werden Sie in irgendeinem Archiv der CIA finden.«

Da beißt sich die Katze in den Schwanz. Ich versuche es mit einem anderen Thema und frage, ob Lee Harvey Oswald nach kubanischer Erkenntnis tatsächlich Kennedys Mörder war.

»Keine Ahnung, auf alle Fälle schoss er nicht alleine.«

»Wer denn noch?«

»Das weiß ich nicht. Es waren mehrere: Nordamerikaner, Chinesen, Holländer, Deutsche, ich weiß es nicht, ich war nicht dabei.«

Auch diese Antwort ist verblüffend. Denn in seinem Buch zum Kennedy-Mord mit dem Titel *El complot* gab Escalante noch vor, die Namen der Todesschützen zu kennen: Eladio de Valle und Herminio Díaz, beides Exilkubaner mit rechtsradikalem Hintergrund. (40)

Glaubt Escalante selbst nicht mehr, was er zu Papier gebracht hat? Mein Eindruck ist: Er möchte einer ernsthafte Diskussion seiner dürftigen Beweise aus dem Weg gehen. Seine Stärke ist der Angriff, nicht die Verteidigung. Mit einer dramatischen Vorwärtsbewegung seines Oberkörpers appelliert er jetzt an den gesunden Menschenverstand: »Selbst wenn man einmal annimmt, dass Oswald sich uns angedient hätte – glauben Sie im Ernst, wir hätten diese Niete mit einer so heiklen Mission betraut? Das glaubt doch kein Mensch! Außerdem gehört der politische Mord nicht zu unseren Methoden. Das war bei den Kennedy-Brüdern anders. Sie sind in einem System groß geworden, in dem der Mord zur politischen Kultur gehört.«

Ich frage nach, ob er sich vorstellen könne, dass die CIA Castros Ermordung ohne das Wissen und die Zustimmung der Kennedy-Brüder plante. Die Anwort ist klar:

»Möglicherweise kannte Präsident Kennedy nicht alle Details des verdeckten Krieges gegen uns. Sein Bruder Bobby wusste Bescheid. Denn er war in diesem Krieg der General.«

Na also, das ist eine Steilvorlage für die nächste Frage: »Die kubanische Regierung hatte demnach ein handfestes Motiv, Kennedy ermorden zu lassen?«

»Vielleicht hatten wir ein Motiv, aber der politische Mord ist dem Marxismus wesensfremd.«

Der General schaut bei diesen Worten zum Porträt Fidel Castros hinauf, das hoch hinter seinem Schreibtisch hängt und spricht so laut, als müsse er auf dem Platz der Revolution eine Million Menschen wachrütteln: »Die kubanische Revolution hatte und hat feste moralische Grundsätze. Nur deshalb haben wir das mächtigste Imperium der Welt über 40 Jahre lang besiegt.«

»Er war ein Fanatiker und
zu allem bereit.
Man nimmt, was man kriegen kann.«
OSCAR MARINO, G-2-OFFIZIER

5.
Soldat der Revolution

Was geschah mit dem Telegramm aus Moskau, das am 18. Juli
1962 in Havanna eintraf? Verschwand es im Archiv oder hat der
kubanische Geheimdienst den Wink des KGB mit dem Zaun-
pfahl verstanden und Kontakt mit Oswald aufgenommen? General Escalante war, was diese Frage betrifft, nicht übermäßig aus-
kunftsfreudig. Weil er auf Kuba das Interpretationsmonopol zum
Thema Kennedy-Mord innehat, wird uns niemand auf der Insel,
der noch bei Trost ist, bei der Suche nach der Wahrheit weiterhelfen.

Die Macht des riesigen und effizienten Geheimdienstes, der
heute DGI *(Dirección General de Inteligencia)* heißt, ist noch in-
takt. Eine hermetisch abgeschlossene Welt mit militärischen
Strukturen, in der jeder jeden überwacht. Auch pensionierte
Spione dürfen nichts sagen. Das gilt als Verrat und kann mit dem
Tod bestraft werden. In Kuba ist die Welt des Kalten Krieges
noch in Ordnung. Die einzige Chance dürfte sein, einen Aussteiger zu finden, der im Ausland lebt.

Zwei Jahre dauert es, bis ich über Kontakte zu einem ehema-
ligen Kampfgefährten Fidel Castros von der Existenz eines
Mannes erfahre, der zur Gründergeneration des kubanischen
Geheimdienstes G-2 gehört. Es handelt sich um einen alten Waf-

fengefährten und Kollegen Fabian Escalantes. Er nennt sich Oscar Marino und lebt in einer lateinamerikanischen Metropole. Ein Revolutionär der ersten Stunde, der sich eine neue Existenz als Geschäftsmann aufgebaut hat, fernab von Politik und Geheimdiensten. Davon habe er »genug«. Das Thema Oswald, so lässt er mir über den Mittelsmann mitteilen, sei zu »delikat«, ein Treffen undenkbar. Diese Antwort macht mich erst recht neugierig, denn sie deutet darauf hin, dass der Mann etwas weiß. Ich schreibe ihm einen langen Brief, in dem ich das Vorhaben erläutere und bitte um ein Gespräch unter vier Augen. Nach wochenlangem Hin und Her und nach mehrmaligen Absagen kommt das Treffen schließlich in einem Privathaus in Mexico City zustande.

Der Kronzeuge

Er geht ein wenig geduckt, als ob eine große Last auf seinen Schultern läge. Seine Bewegungen sind müde, ganz im Gegensatz zu seinen Augen. Die sind groß, neugierig und klar, strahlen große Kraft und Autorität aus. Trotz schwerer Krankheit. Er selbst rechnet damit, dass er nicht mehr lange zu leben hat. Das Wichtigste stellt er gleich zu Anfang klar: Er will sich nicht vor den Propagandakarren der US-Regierung spannen lassen. Zeit seines Lebens sei er ein Linker gewesen und werde es bis zu seinem letzten Atemzug bleiben.

Als 19-Jähriger schloss er sich dem militärischen Widerstand gegen den kubanischen Diktator Fulgencio Batista an. Er kämpfte in Havanna in der von Frank País geführten städtischen Guerilla und war nach dem Sieg der Revolution im Jahr 1959 am Aufbau der »revolutionären Arbeiterbrigaden« beteiligt. 1961 wechselte Oscar Marino in den Geheimdienst, wo er bald in die operative Führung der G-2 aufstieg. Als Mitglied der Leitung sei er über alle laufenden Operationen informiert ge-

31 Oscar Marino, der Kronzeuge, 2005

wesen. Auf diese Weise habe er auch von der Existenz Oswalds erfahren.

Direkt habe er mit Lee Harvey Oswald nichts zu tun gehabt. Sein Spezialgebiet sei die Unterdrückung der »inneren Konterrevolution« gewesen. Dabei habe er sich die »Hände schmutzig gemacht«. Am Ende seines Lebens fühle er sich müde und erschöpft. Am schlimmsten sei die Enttäuschung über den moralischen Niedergang der Revolution auf Kuba. Die gemeinsamen Ideale seien von Fidel in den Schmutz gezerrt worden. Davon abgesehen bereut er nichts: »Wir glaubten an die Revolution und wir mussten sie verteidigen. Die USA und Präsident Kennedy persönlich waren entschlossen, unsere Revolution zu zerstören. Er war für viele Lateinamerikaner ein Held, ein fortschrittlicher Mann, aber nicht für uns Kubaner. Als Kennedy starb, weinte ich ihm keine Träne nach.«

Von dem KGB-Telegramm über Oswald hat Marino nichts gehört. Er weiß nicht, wie die G-2 auf den Amerikaner aufmerksam geworden ist. Weiß er denn, ob der kubanische Geheimdienst G-2 Kontakt zu Lee Harvey Oswald aufgenommen hat? Er zögert die Antwort hinaus, kämpft gegen innere Widerstände, bevor er antwortet: »Ich weiß davon wenig, das war nicht mein Gebiet.« Erst als ich ihn frage, wann er zum ersten Mal in seinem Leben den Namen Oswald gehört habe, wird es spannend: »Das war im Herbst 1962. Zu der Zeit, als Oswald von der G-2 rekrutiert wurde.«

Mit diesem dahingeworfenen Satz hat der Kronzeuge damit eine Enthüllung von historischer Bedeutung gemacht. Zum ersten Mal gibt ein hoher ehemaliger Offizier des kubanischen Geheimdienstes zu, dass Oswald Agent Kubas war. Ich kann immer noch nicht glauben, was ich gehört habe und hake nach: »Wollen Sie damit sagen, der kubanische Geheimdienst hat Oswald regelrecht angeworben?«

»Ja, er war in den USA ja schon ein politischer Aktivist, der für die kubanische Revolution kämpfte. Er bot sich an, weil er etwas tun wollte. Er war ein entwurzelter Mensch und hasste die Gesellschaftsordnung, in der er lebte, ein politischer Fanatiker. Oswald hatte eine Reihe von Fähigkeiten, die ihn für uns attraktiv machten.«

»War er nicht viel zu unberechenbar und unstabil?«

»Es gibt immer ein Risiko. Aber wir hatten keine große Auswahl in den USA. Wir rekrutierten ihn, weil wir keinen anderen hatten. Man nimmt, was man kriegt. Vergessen Sie nicht, was 1962 los war. Kuba kämpfte um das nackte Überleben. Kennedy wollte uns vernichten und auf die Sowjetunion konnten wir uns auch nicht mehr verlassen. Wir mussten die Revolution exportieren. Nur so konnten wir überleben. Wir brauchten Kämpfer. Und stellen Sie sich vor, einen Agenten in den USA!«

Rolando Cubelas Auftritt

Oscar Marino datiert den Kontakt mit Lee Harvey Oswald auf Herbst 1962, Oktober oder November. Er selbst habe Oswalds Namen in dieser Zeit auf einer Liste gesehen, auf der alle »ausländischen Kämpfer« verzeichnet waren, die aus Havanna operative Gelder erhielten.

»Wie wurde Oswald kontaktiert – wo und von wem?«, frage ich weiter.

»Den Erstkontakt stellte Rolando Cubela her. Er hat Oswald mindestens zweimal getroffen. Meines Wissens nach in Mexiko.«

Rolando Cubela? Ein Kommandant der kubanischen Revolution und führender Politiker des Landes! Ich kann es zuerst kaum glauben. Denn Cubela ist bislang nur als innenpolitischer Gegner Castros bekannt. Er ließ sich 1961 mit der CIA ein und war sogar bereit, Castro zu töten, um die Macht auf Kuba zu übernehmen. Ausgerechnet dieser Mann soll Oswald für den kubanischen Geheimdienst angeheuert haben? Oscar Marino muss über meine laienhaften Vorstellungen in Sachen geheimdienstlicher Logik la-

32 Rolando Cubela mit Fidel Castro 1959

chen: »Das Leben ist nicht schwarz oder weiß. Schon gar nicht in der Welt der Geheimdienste. Cubela war ein Verräter und wollte Fidel im Auftrag der CIA ermorden. Richtig. Aber das wussten wir noch nicht, als er beauftragt wurde, Kontakt zu Oswald aufzunehmen. Wir vertrauten ihm zu diesem Zeitpunkt voll und ganz. Er war ein wichtiger Mann in der Revolution, ein sehr fähiger Kommandant. Und er konnte ohne Probleme ins Ausland reisen, denn er war zu dieser Zeit Präsident des kubanischen Studentenverbandes. Er stellte viele Kontakte für die G-2 her.«

»Wenn Sie nicht selbst mit der Rekrutierung ausländischer Agenten zu tun hatten, woher wollen Sie wissen, dass Oswald angeworben wurde?«

»Ich war damals im Hauptquartier in Havanna tätig und für eine Operation gegen die einheimische Konterrevolution verantwortlich. Operativ hatte ich nichts mit Oswald zu tun. Aber meine Funktion in der G-2 war so hoch, dass ich in alle wichtigen Vorgänge Einblick hatte. Man sprach darüber auf der Leitungsebene.«

Die USA waren für Kuba feindliches Ausland. Wie konnte man dort Agenten führen, wie konnten die kubanischen Führungsoffiziere sich bewegen? Oscar Marinos Antwort ist klar und knapp: »Alles lief über Mexiko. Mexiko war die Drehscheibe für den Export der Revolution. Von dort aus konnte die G-2 nahezu unbeschränkt operieren.«

Außer Mexiko hatten alle anderen lateinamerikanischen Länder auf Druck der USA ihre Beziehungen zu Kuba abgebrochen. Kubanische Agenten wurden in Mexiko mit »sauberen« mexikanischen Pässen ausgestattet, mit denen sie in aller Ruhe in die USA oder in andere Länder des Kontinents reisen konnten.

Mexico City wurde zur Spionagemetropole des Kalten Krieges, ein idealer Ort für Doppelagenten, Verräter und Agentenjäger. Von hier aus starteten der kubanische Geheimdienst, aber auch der sowjetische KGB, ihre Operationen gegen das Territorium der USA. Auch Lee Harvey Oswald, so erinnert sich Oscar Marino, sei mit seinem Führungsoffizier Rolando Cubela in Mexiko zusammengetroffen: »Ich weiß von zwei Treffen Oswalds mit Cubela. Im Herbst 1962 und im Sommer 1963. Cubela konnte bei der Rekrutierung bei Oswalds linksradikaler Einstellung anknüpfen. Oswald wollte etwas leisten, ein Held sein. Vielleicht hätte es bessere Kämpfer als ihn gegeben. Sicher hätten wir lieber einen Intellektuellen rekrutiert. Aber das war in den USA nicht so einfach. Oswald stand zur Verfügung und wir haben ihn benutzt.«

»Wofür benutzt?«, hake ich nach.

»Das war nicht mein Arbeitsgebiet. Ich rede nicht über Operationen, die von anderen geleitet wurden.«

Rolando Cubela, der Mann, der Oswald rekrutierte, wurde 1932 geboren. Als Student war er einer der Führer des Kampfes gegen die Batista-Diktatur. Am 28. 10. 1956 erschoss er vor dem Nachtclub Montmartre in Havanna den Chef des kubanischen Militärgeheimdienstes SIM *(Servicio di Intelligenza Militare)*, Antonio Blanco Rico. Das war seine revolutionäre Feuertaufe. Cubela musste in die USA fliehen und organisierte von dort aus den heimlichen Transport von Waffen nach Kuba. Am 1. Februar 1958 kehrte Cubela gemeinsam mit 16 anderen Studenten nach Kuba zurück und baute im Escambray-Gebirge eine eigene Guerillaorganisation, das *Directorio Revolucionario* auf. Am 1. Dezember 1958 unterzeichnete er einen Pakt mit Che Guevara über die Zusammenarbeit seiner Gruppe mit der von Fidel Castro, der »Bewegung des 26. Juli«.

Noch vor Fidel Castro erreichte Cubela mit seiner Truppe am 1. Januar 1959 Havanna und besetzte den Präsidentenpalast. Als Fidel Castro in Havanna auftauchte, verlangte er von Cubela die Übergabe des Palastes. Doch Cubela weigerte sich. So kam es zur ersten Machtprobe zwischen den beiden revolutionären Organisationen, die den Diktator Batista vertrieben hatten. Cubela und sein *Directorio Revolucionario* wurden schon in den ersten Monaten nach der Machtübernahme ins zweite Glied abgedrängt.

Im März 1961 reiste Cubela zur lateinamerikanischen Friedenskonferenz nach Mexiko, wo er von einem alten Freund (in den CIA-Dokumenten AMWHIP/1 genannt) angesprochen wurde, der Cubela mit einem CIA-Offizier bekannt machte. Der Offizier fand in diesem Gespräch heraus, dass Cubela sehr unzufrieden war mit Castros Hinwendung zum Kommunismus und zur Sowjetunion. In den folgenden Monaten kam es während Cubelas Auslandsreisen zu weiteren Treffen in Paris, Kopenhagen, Madrid und in Porto Alegre (Brasilien). Im US-Army Air Corps Element bei Paris erhielt er im August 1962 eine Schulung im Umgang mit Plastiksprengstoff.

Die CIA reaktivierte den Kontakt mit Cubela im September 1963, um ihn zu einer konkreten Aktion gegen Fidel Castro zu bewegen. Diese Operation hieß AM-LASH. Ihr Ziel war der Tod Castros. Cubelas Deckname in dieser CIA-Operation war AM-LASH-1. Robert Kennedy hielt über einen gemeinsamen Freund, Manuel Artime, Kontakt zu Cubela. (41)

Angesichts dieser politischen Biographie Cubelas sind die Enthüllungen des Kronzeugen Oscar Marino sensationell: Denn Castros Mörder in spe kannte den Mörder Kennedys. Er hat ihn sogar für den kubanischen Geheimdienst rekrutiert. Welch ein Aberwitz der Weltgeschichte! Das »Geständnis« des Kronzeugen Marino verändert auch die Sicht auf die letzten Monate in Oswalds Leben radikal. Demnach wäre er eine Art *sleeper* der Weltrevolution gewesen, programmiert von einem der ranghöchsten Kommandanten der Revolution, Rolando Cubela. Die Information ist von so dramatischer Tragweite, dass sie unbedingt überprüft werden muss. Es gibt keinen anderen Weg: Nikolai, der Offizier des russischen Geheimdienstes FSB muss noch einmal das Risiko auf sich nehmen und im Archiv des KGB nach Informationen über Rolando Cubela suchen.

Bei meinem Treffen mit ihm erzähle ich Nikolai nichts von Oscar Marino und dessen Behauptung, Cubela habe Oswald für den kubanischen Geheimdienst rekrutiert. Nikolai soll unvoreingenommen bleiben und einfach nur prüfen, ob es im KGB-Archiv Unterlagen zu Cubela gibt. Er hat diesen Namen noch nie zuvor gehört. Vier Monate vergehen, bevor er wieder eine glaubwürdige Möglichkeit findet, im KGB-Archiv zu arbeiten und dabei gezielt nach Unterlagen zu Rolando Cubela zu suchen. Er schickt mir eine E-Mail aus Moskau: »Wir sollten uns treffen.«

Nikolai hat zum Thema »Cubela« tatsächlich ein Dokument im KGB-Archiv gefunden, ein einziges. Es handelt sich um den Bericht von Generalmajor Igor Scherwtschenko vom 1. Februar 1967 aus Havanna. Scherwtschenko war eine Art KGB-Supervisor des kubanischen Geheimdienstes, der die Aktivitäten des kleinen kubanischen Bruders anleiten und überwachen sollte.

In seinem Bericht informiert Scherwtschenko die Zentrale in Moskau über die Ermittlungen gegen Rolando Cubela. Cubela soll versucht haben, Fidel Castro auf der Kundgebung zum 1. Mai 1966 zu erschießen. Scherwtschenko berichtet ausführlich über das Verhör Cubelas und erwähnt in einem Nebensatz, dass Cubela sich während des Verhörs auch über seine Treffen mit Lee Harvey Oswald ausgelassen habe. Laut KGB-Akte haben Cubela und Oswald sich »mehrmals« getroffen, das erste Mal Ende 1962. Sogar die Zeitangabe stimmt mit der des Zeugen Oscar Marino überein! Es gibt keinen Zweifel mehr: Lee Harvey Oswald war Ende 1962, ein Jahr vor dem Mord an Kennedy, bereits Mitarbeiter des kubanischen Geheimdienstes G-2. Da dies von zwei voneinander vollkommen unabhängigen Quellen bestätigt ist, kann als Tatsache gelten: Oswald war kein von Kindheitsdämonen getriebener einsamer Fanatiker, sondern ein Soldat in Castros Geheimdienstarmee.

Wenn er schon seit Herbst 1962 »Kämpfer« des kubanischen Geheimdienstes G-2 war, erscheint alles, was er danach getan hat, in einem anderen Licht. Nach seiner Rekrutierung für den kubanischen Geheimdienst geschah in Lee Harvey Oswalds Leben nichts mehr zufällig oder aus einer spontanen Eingebung heraus.

Die Generalprobe

Lee Harvey Oswald muss sich nach seiner Rekrutierung bewähren und in der Praxis beweisen, dass er das Vertrauen der Revolution verdient. Hat er das Zeug zum Kämpfer oder ist er nur ein revolutionärer Phrasendrescher? Die erste Gelegenheit, sich zu beweisen, bekommt er mit seinem Attentat auf General Edwin Walker im Februar 1963. Ein klug ausgewähltes Angriffsziel, denn der General ist der ideale Feind, Hassobjekt des fortschrittlichen Amerika und eine Leitfigur für alle Rechtsradikalen und Rassisten. 1961 wegen rassistischer Propaganda von Präsident Kennedy aus der Armee entlassen, organisierte Walker als Führer der rechtskonservativen *John Birch Society* im Herbst 1962 den weißen Mob, der an der Ole-Miss-Universität in Oxford ver-

33 General Walkers Haus, Observationsfoto von Lee Harvey Oswald

suchte, die Einschreibung des ersten schwarzen Studenten, James Meredith, mit Gewalt zu verhindern.

Präsident Kennedy weiß, der Ausgang des Kampfes in Oxford würde über seine politische Glaubwürdigkeit entscheiden. Die ganze Welt schaut auf die Rassenkämpfe in Amerika. Kennedy schickt 2000 Mann Nationalgarde und 400 Bundesmarschälle, die dafür sorgen, dass James Meredith das Gelände der Universität betreten und sich einschreiben kann. Diese mutige Entscheidung Kennedys, die er gegen das Establishment seiner eigenen Partei im Süden der USA, gegen den Willen des dortigen Gouverneurs und gegen seine eigene Wählerbasis im Süden der USA durchsetzt, markiert die eigentliche Wende in der Bürgerrechtspolitik der USA. Kennedy gewinnt an Statur als international anerkannter Vorkämpfer für die Menschenrechte.

Oswald will ein Zeichen setzen und General Walker liquidieren. Er hat alles vorbereitet, muss seinen Plan im Februar 1963 jedoch verschieben, denn die bestellte Pistole ist immer noch nicht eingetroffen. Zum Ärger Oswalds geht der General dann auch noch auf eine ausgedehnte politische Tournee durch Amerika, um für eine militärische Invasion Kubas die Werbetrommel zu rühren. Dabei greift Walker Präsident Kennedy wegen dessen »nachgiebiger« Haltung Kuba gegenüber scharf an.

Oswald nutzt die Zeit, um sich vorzubereiten: Nachts beobachtet er Walkers Haus am Turtle Creek Boulevard 4011 in Dallas. Er schleicht sich in die Büsche und macht Fotos vom Fenster des Arbeitszimmers. Sorgfältig zeichnet er Karten mit Fluchtplänen und sucht an den nahegelegenen Bahngleisen nach einem Versteck für die Waffe. Bei seinen Observationen wird ihm klar, dass die bestellte Pistole zur Ausführung der Tat ungeeignet ist.

Am 12. März 1963 bestellt er bei Klein's Sporting Goods Company in Chicago ein Gewehr der Marke Mannlicher-Carcano für 12,78 Dollar; dazu ein Zielfernrohr mit vierfacher Verstärkung für 7,17 Dollar. Mit diesem Gewehr wird er acht Monate später Präsident Kennedy erschießen.

Am Mittwoch, dem 10. April, schlägt Oswald zu. Es ist 21 Uhr und bereits dunkel. General Walker sitzt im Arbeitszimmer am Schreibtisch und bearbeitet seine Steuererklärung, als eine Kugel die Fensterscheibe durchschlägt, seinen Kopf knapp verfehlt und dann in die Wand einschlägt. Der rechte Unterarm wird durch Kugelsplitter verletzt. Nach Walkers eigener Schilderung überlebte er nur deshalb, weil er genau in dem Moment, als die Kugel das Fenster durchschlug, den Kopf nach unten bewegte.

Als Lee gegen 22 Uhr immer noch nicht zu Hause ist, bekommt Marina Angst und geht in sein kleines Arbeitszimmer, das zu betreten ihr eigentlich untersagt ist. Auf dem Schreibtisch findet sie den Schlüssel zum Postfach ihres Mannes. Er liegt auf einem Blatt Papier mit Anweisungen in russischer Sprache. Lee erklärt ihr, was sie zu tun habe, sollte er getötet oder verhaftet werden, oder auch für den Fall seiner Flucht: »Schick die Information über das, was mit mir geschehen ist, an die (sowjetische) Botschaft... Sie wird dir schnell helfen.« (42) Mit dem Schlüssel könne sie sein Postfach öffnen. Darin sei genug Geld, um sich für ein paar Wochen durchzuschlagen. Seine Sachen, vor allem die Kleider, möge sie verschenken oder wegwerfen.

Monate später, nach dem Attentat auf Kennedy, wird die Wohnungseigentümerin Ruth Paine diese Anweisungen und auch Oswalds Planungsunterlagen für den Mord an Walker in Marinas Kochbuch finden und der Polizei geben.

Um 23:30 Uhr kehrt Oswald zurück, bleich, außer Atem und extrem nervös. Das Gewehr hat er in der Nähe des Tatortes vergraben, bevor er mit dem Bus nach Hause gefahren ist. Was passiert sei, will Marina von ihm wissen. Lee antwortet, er habe auf General Walker geschossen. Walker sei ein gefährlicher Faschist, wie Hitler: »Wenn Hitler beizeiten getötet worden wäre, hätten Millionen Menschen gerettet werden können.« (43)

Das Walker-Attentat wurde trotz intensiver Ermittlungen der Polizei zunächst nicht aufgeklärt. Erst nach dem Tod Kennedys ergab ein Munitionsvergleich, dass Lee Harvey Oswald wahrscheinlich auch der Attentäter im Fall Walker war. Nach anfänglichem Leugnen gab Marina Oswald schließlich zu, dass Oswald der Täter und sie die Mitwisserin war. Erst 1978 konnte mit neuen kriminaltechnischen Methoden eindeutig belegt werden, dass auf General Walker mit der gleichen Munition geschossen worden war wie sieben Monate später auf John F. Kennedy.

Das Walker-Attentat ist von der Kennedy-Forschung wenig beachtet worden, denn es passt in keines der gängigen Erklärungsmuster. Nach Ansicht der Einzeltätertheoretiker hat Oswald den Präsidenten spontan, ohne sorgfältige Planung und aus einem Affekt heraus getötet. Die Verschwörungstheoretiker hingegen porträtieren ihn als Versager, der niemals in der Lage gewesen wäre, eine so komplexe Aktion wie ein Attentat alleine zu organisieren. Oswald sei nichts als der »Sündenbock«, mit dessen Hilfe die Spuren zu den wahren Kennedy-Mördern vertuscht werden sollten. Ein Bauernopfer.

Wer die politische und persönliche Entwicklung Oswalds

ernst nimmt, kommt zu einem anderen Urteil. Das Attentat auf General Walker im April 1963 zeigt: Oswald war ein bewusst handelnder Protagonist der Geschichte und ein tüchtiger politischer Attentäter, intelligent und kaltblütig genug, um einen politischen Mord systematisch zu planen und durchzuführen.

In New Orleans

Nachdem Oswald die erste Prüfung als Rekrut der Weltrevolution bestanden hat, bricht er noch im April 1963 mit seiner Familie nach New Orleans auf. Es ist die Stadt, in der er geboren wurde – und die Stadt, die 1963 zum Epizentrum des geheimen Krieges der Kennedy-Brüder gegen das revolutionäre Kuba geworden ist. In den Sümpfen am Ufer des Pontchartraine-Sees üben exilkubanische Gruppen den Angriff auf Kuba – finanziert werden sie von der US-Regierung. Einige der Gruppen in New Orleans bekommen das Geld direkt von Robert Kennedy.

Als Oswald in New Orleans eintrifft, operieren dort sechs militante exilkubanische Gruppen, deren Führer das persönliche Vertrauen Robert Kennedys genießen. In Washington werden sie *Bobby´s Cuban Boys* genannt. Sie koordinieren die Aktivitäten in New Orleans mit den größeren exilkubanischen Guerilla-Trainingslagern, die in Zentralmerika betrieben werden: in Nicaragua, Guatemala und Costa Rica. Der nächste Angriff auf Kuba soll von Zentralamerika aus erfolgen. Das würde Präsident Kennedy die Möglichkeit geben, sein Gesicht zu wahren. Denn in der Vereinbarung mit Nikita Chruschtschow nach der Raketenkrise im Oktober 1962 hat Kennedy garantiert, dass es vom Boden der USA aus keine Invasion Kubas mehr geben werde.

Am 23. April 1963 hat Robert Kennedy in einer Sitzung der *Special Group Cuba* das Ziel festgelegt: Castro ist innerhalb der nächsten 18 Monate zu stürzen, noch vor den kommenden Prä-

34 Oswald verteilt Flugblätter in New Orleans

sidentschaftswahlen im November 1964. Castros Tod müsse dabei in Kauf genommen werden. (44)

Oswald trifft zwei Tage nach dieser Sitzung, am 25. April, im konterrevolutionären Wespennest New Orleans ein. Er geht auf Arbeitssuche und findet einen Job als Wartungsarbeiter in der Reily Coffee Co. Für 1,50 Dollar die Stunde muss er die Maschinen ölen und schmieren. In der Magazine Street 4907 findet Oswald eine Wohnung – für 65 Dollar Monatsmiete. Dann lässt er seine Familie nachkommen.

Am 26. Mai stürzt er sich in seine neue politische Aufgabe und schreibt einen Brief an Vincent Lee, den Vorsitzenden des *Fair-Play-für-Kuba-Komitees* und schlägt ihm vor, in New Orleans eine eigenständige Solidaritätsgruppe für Kuba zu gründen. Das *Fair-Play-Komitee* wird von der trotzkistisch orientierten Sozialistischen Arbeiterpartei kontrolliert und verfolgt eine sehr militante und der kubanischen Führung treu ergebene Politik. Es ist die fünfte Kolonne der Revolution im Feindesland.

Der Vorsitzende Vincent Lee zeigt sich begeistert, hat aber Bedenken, ob sich in New Orleans genügend Anhänger der Revolution finden ließen. Diese Bedenken teilt Oswald nicht und lässt auf eigene Kosten schon mal 1000 Flugblätter drucken – mit der Parole: *Hands off Cuba* – Hände weg von Kuba. Mehrmals verteilt er solche Flugblätter, aber auch andere revolutionäre Schriften, darunter Bücher von Jean Paul Sartre.

In dieser Zeit nimmt er auch Kontakt zu Kuba-Freunden an der Tulane-Universität auf, um sie als Mitglieder für seine Ortsgruppe anzuwerben.

Zu Hause gibt es fast kein anderes Thema mehr als Kuba. Marina ist von den ständigen Kuba-Diskussionen entnervt und gewinnt außerdem den Eindruck, er wolle sie loswerden. Mehrmals zwingt er sie dazu, Briefe an die sowjetische Botschaft in Washington zu schreiben, in denen sie um Erlaubnis bitten soll, in ihre Heimat zurückkehren zu dürfen. In einem Brief an ihre Freundin Ruth Paine klagt Marina am 25. Mai 1963: »Dauernd habe ich das Gefühl, dass ich ihn behindere. Er besteht darauf, dass ich Amerika verlassen soll, was ich auf keinen Fall möchte. Oswald hat wieder zu mir gesagt, dass er mich nicht liebt ... Wie soll das alles enden?« (45)

Das Einzige, was Oswald noch bei seiner Familie hält, ist die erneute Schwangerschaft Marinas. Sie glaubt, dass es diesmal ein Junge wird. Er soll David heißen. Doch Oswald besteht auf einem anderen Namen: Der Junge soll Fidel heißen.

Am 19. Juli wird er aus der Kaffeefabrik Reily entlassen, wegen ungenügender Arbeitsleistungen. Er bemüht sich danach nicht um einen neuen Job, lebt von 33 Dollar Arbeitslosengeld die Woche und konzentriert sich von nun an ganz auf seine politischen Aufgaben. Sein Aktivismus findet Beachtung im kommunistischen Himmel. Am 31. Juli schreibt der Propagandachef der Kommunistischen Partei der USA, Arnold Johnson, ihm einen anerkennenden Brief. Es sei gut zu wissen, dass sich die Kuba-Solidarität in New Orleans gut entwickelt habe. Mit tränener-

stickter Stimme liest Oswald seiner Frau den Brief vor und sagt:
»Wenn dieser Mann respektiert, was ich tue, dann ist das wichtig. Er ist der Lenin unseres Landes.« (46)

Spion Oswald

Anfang August erhält Oswald eine neue Aufgabe. Er versucht, Castro-feindliche Gruppen in New Orleans zu unterwandern, um sie auszuspionieren. Am 5. August taucht er im Gemischtwarenladen von Carlos Bringuier in der Decatur Street auf. In seinem Laden betreibt Bringuier das lokale Hauptquartier des *Directorio Estudantil Revolucionario*, einer der für Castro gefährlichsten und einflußreichsten Widerstandsgruppen. Oswald gibt sich als Ex-Marine und militanter Gegner Castros aus und bietet Bringuier an, seine Leute für Sabotageaktionen gegen Kuba auszubilden. Er kenne sich bestens mit Explosivstoffen aller Art aus. Bringuier ist misstrauisch und lehnt es ab, ihn in seine Gruppe aufzunehmen. Am nächsten Tag kommt Oswald noch einmal und schenkt ihm als Zeichen seines guten Willens sein *Handbuch für Marines*, vollgepackt mit Anleitungen für den Bau von Bomben, Fallen und Tötungswerkzeugen aller Art.

Carlos Bringuier ist leicht zu finden. Sein Name steht im Telefonbuch von Alabama. Zuerst lehnt er ein Treffen ab. Die Medien seien nach seiner Erfahrung »nicht an der Wahrheit interessiert«. Der Mainstream wolle nur hören, dass die CIA und die Exilkubaner an allem schuld seien. Er sei zu »müde«, um noch einmal etwas zu dem Thema zu sagen. Ich locke ihn mit einem kurzen Resümée meiner Entdeckungen auf Oswalds Spuren in Mexiko aus der Reserve. Seine Müdigkeit ist wie weggeblasen, und er lädt mich in sein Haus bei Pentacosa in die Einsamkeit der kahlen Landschaft Alabamas ein.

Das Marinehandbuch, das Oswald ihm im August 1963 in die Hand drückte, hat er wie eine Reliquie aufbewahrt. Carlos

35 Carlos Bringuier 2005 am
Tatort in der Canal Street

Bringuier holt das Buch aus seinem Wohnzimmerschrank und
legt es, wie einen wertvollen Schatz, vorsichtig auf den Tisch.
Er zeigt auf Oswalds mit Hand eingetragenen Namenszug:
»Mit diesem Geschenk wollte er mich von seiner Aufrichtigkeit
überzeugen.« Ich will wissen, wie Oswald auf ihn wirkte. Carlos Bringuier ist ein ruhiger, angenehmer Zeitgenosse mit wei-
ßem Haarschopf. Seine Antwort ist leise und bedacht: »Mein
Instinkt sagte mir sofort, da stimmt etwas nicht, er ist ein Spion
Castros. Kurz zuvor war hier in New Orleans, im Trainingslager der Christlich Demokratischen Bewegung Kubas, ein cas-
tristischer Spion enttarnt worden, Fernando Fernandez. Es
wimmelte von Agenten der G-2. Deswegen lehnte ich Oswalds
Angebot höflich, aber bestimmt ab. Ich sagte ihm, wir würden
mit Worten, aber nicht mit Waffen gegen das Regime auf Kuba
kämpfen.«

Carlos Bringuier hatte als junger Anwalt in Havanna mit der
Revolution Castros gegen Diktator Batista sympathisiert. Als
ihm im Verlauf des Jahres 1960 jedoch klar wurde, dass Castro

das Land in einen »Außenposten des sowjetischen Weltreichs«, so Bringuier, verwandelte, verließ er Kuba, um in Florida ein neues Leben zu beginnen. Als die Brigade 2506 gegründet wurde, um Kuba in der Schweinebucht anzugreifen, war Bringuier drauf und dran, sich mit in dieses Abenteuer zu stürzen. Aber sein Schwiegervater in Spe machte ihm einen Strich durch die Rechnung: »Er sagte zu mir: Ihr seid verrückt. Du musst dich entscheiden: Entweder meine Tochter oder die Brigade. Damit hat er mir das Leben gerettet und ich bin bis heute mit seiner Tochter glücklich.«

Den Vorfall mit Oswald hatte Bringuier schon fast wieder vergessen, als sein Freund Celso Hernández eine Woche später aufgeregt ins Geschäft stürzte: »Er rief: Schnell, komm zur Canal Street. Da verteilt ein Nordamerikaner Flugblätter für Castro. Ich sah schon von weitem, es war derselbe Mann, der meine Gruppe unterwandern wollte und ging wütend auf ihn los. Er grinste und streckte mir die Hand entgegen. Oswald war abgebrüht und kaltblütig, ein guter Propagandist für seine Sache. Wir erklärten den Passanten: Seht her, dieser Kommunist ist ein Spion, der uns bekämpft. Jeder, der in Kuba so etwas machen würde, käme gleich ins Gefängnis. Celso nahm Oswald die Flugblätter aus der Hand, zerriss sie und warf sie in die Luft. Ich war so geladen, dass ich meine Brille abnahm, um ihm eine runterzuhauen. Als er das sah, sagte er ganz ruhig: ›Carlos, wenn du mich schlagen willst, dann tu es.‹ Er war schlau und besonnen, und ich merkte, dass ich mich zusammenreißen musste. Verhaftet wurden wir dann trotzdem alle zusammen – wegen Erregung eines öffentlichen Aufruhrs.«

Drei Tage später kam es zum Gerichtsverfahren. In New Orleans saßen die Zuschauer damals noch nach Rassen getrennt. Als Oswald hereinkam, setzte er sich demonstrativ zwischen die schwarzen Zuschauer, zum Ärger Bringuiers: »Das war ein kluger Schachzug. So brachte er die Schwarzen auf seine Seite. Er war clever. Ich sprach ihn nach der Verhandlung an und sagte:

Wenn du zur Vernunft kommst, kannst du jederzeit zu mir kommen und ich werde dir helfen. Er sah mich mitleidig an und antwortete: Das geht nicht, Carlos, denn du stehst auf der falschen Seite – und ich auf der richtigen.«

Am Ausgang des Gerichtssaales wartete ein Team des Lokalfernsehens WDSU. Oswalds erster Fernsehauftritt. Es folgten zwei Radioauftritte, bei denen er die Sache Kubas mit gesetzten und sehr diplomatischen Worten verteidigte. Er betonte die Unabhängigkeit der Kuba-Solidaritätsbewegung von der Sowjetunion und den Kommunisten und forderte die US-Bürger dazu auf, Fidel Castro eine faire Chance zu geben und den wirtschaftlichen Boykott der Insel zu beenden. Die USA, vor allem die CIA mit ihren »verdeckten Operationen« gegen Kuba trage die Verantwortung dafür, dass Castro ins »sowjetische Lager gestoßen« worden sei. Oswald war über die Operationen der CIA gegen Kuba, im Gegensatz zu seinen Landsleuten, bestens informiert. Mit rhetorischem Geschick warb er für die Sache seines Idols: »Fidel Castro ist keine russische Marionette, sondern der unabhängige Führer eines unabhängigen Landes. Wie alle Länder, die sich von ihrer feudalen Vergangenheit lösen, experimentiert auch Kuba mit dem Marxismus und dem Sozialismus. Aber es wäre falsch, Castro als Kommunisten zu bezeichnen. Er hat sein Land, sein System noch nicht so weit entwickelt und noch gar nicht die Gelegenheit gehabt, Kommunist zu werden. Noch experimentiert er, um den besten Weg für sein Land zu suchen. Wenn er schließlich den kommunistischen *way of life* wählt, kann nur das kubanische Volk darüber entscheiden. Wir können dann nicht sagen: ›Das System ist schlecht, es bedroht uns‹, und es dann zerstören. Das wäre gegen die Prinzipien unserer Demokratie. Für den Kapitalismus ist Kuba endgültig verloren. Wie dogmatisch das System dort wird, hängt jetzt vor allem von der Politik der Vereinigten Staaten ab.« (47)

Dieses Radiointerview, das Bill Stuckey am 17. August 1963 im lokalen Radiosender WDSU mit Lee Harvey Oswald führte, hat es in sich. 35 Minuten lang argumentiert der erst 23 Jahre alte Jungmarxist geschliffen und druckreif für seine Sache. Niemand, der dieses Interview gehört hat, wird behaupten können, Oswald sei eine intellektuelle Niete gewesen. Seine Rede klingt, als käme er gerade von einer Schulung für Agitation und Propaganda für Fortgeschrittene. Kein Salonbolschewist aus San Francisco oder New York hätte es besser machen können.

Aber er kann auch anders. Was er politisch wirklich denkt, kommt in Diskussionen im privaten Kreis zum Vorschein. Michael Paine, der Ehemann von Marinas Freundin Ruth, erinnert sich bei einem Interview mit dem US-Fernsehmagazin *Frontline* an eine heftige politische Diskussion mit Oswald, die einige Wochen nach dem Zusammenprall mit Carlos Bringuier stattfand: »Für ihn war der Kapitalismus verfault, ein Betrug, der es verdiente, vernichtet zu werden. Oswald wollte ein Guerillakämpfer bei dem Versuch sein, eine neue Weltordnung zu schaffen. Er glaubte, das ginge nur mit Gewalt. Er wollte seine Zeit nicht damit verschwenden, das System von innen heraus zu reformieren.« (48)

Oswald entwickelte sich im Herbst 1963 zum allseitig ausgebildeten Kämpfer für die Sache der Weltrevolution. Abgesehen von Gewalttätigkeiten in der Ehe wirkte er auf seine Umgebung keineswegs psychisch krank oder »verrückt«. Viele Autoren griffen nach dem Mord an Kennedy auf solche Dämonisierungen zurück, um post factum etwas zu erklären, was sie selbst nicht verstanden: Oswalds Tatmotiv. Selbst eine so kluge Autorin wie Priscilla McMillan kommt zu dem Schluss, dass Oswald den Mord an Kennedy aus Mangel an Liebe und Aufmerksamkeit beging. Andere, wie der sowjetische Autor Oleg Nechiporenko, sehen in der Tat gar einen »verdeckten Selbstmord«, begangen aus persönlicher Verzweiflung. Vielleicht sollte man einfach auf Oswald selbst hören. Alles, was er tat, war aus seiner eigenen Sicht vollkommen klar und logisch. Nicht er war verrückt, sondern die Zeit, in der er lebte.

»Fidel braucht mich«

Wie wurde Oswald angeleitet? Traf er sich in New Orleans mit Führungsoffizieren der G-2, oder reiste er bereits im Sommer 1963 nach Mexiko oder gar nach Kuba, um sich Instruktionen von Rolando Cubela oder einem anderen Kontaktoffizier zu holen? Oswald selbst erwähnt in dem Radio-Interview am 17. August, dass er schon einmal in Mexiko gewesen sei. Der Kronzeuge Oscar Marino weiß ebenfalls, dass er im Sommer 1963 nach Mexiko fuhr, um sich dort mit Rolando Cubela zu treffen. Reynoso, der ehemalige Archivar des kubanischen Geheimdienstes hingegen erfuhr von einem seiner Kameraden, dass Oswald im Sommer 1963 sogar für zwei Tage in Havanna war, um sich mit G-2 Offizieren zu beraten. Logistisch wäre das kein Problem gewesen. Denn die kubanische Botschaft in Mexiko hatte jederzeit die Möglichkeit, Agenten in ein Flugzeug nach Kuba zu schleusen, ohne dass sie durch die mexikanische Emigrationsbehörde erfasst wurden.

Wir befragen noch einmal General Fabian Escalante in Havanna. Der ehemalige Operationschef der G-2 müsste wissen, was wirklich geschah. War Oswald in Havanna? Als ich ihm die Frage stelle, beginnt er nervös zu kichern. Fast kann man hören, wie es in seinem labyrintischen Gehirn arbeitet. Soll er dementieren, soll er empört aufspringen? Da er nicht genau weiß, über welche Quellen ich verfüge, hält er sich alle Optionen auf dem argumentativen Schlachtfeld offen und antwortet mit einer weiten Öffnungsbewegung der Arme: »Ich weiß nicht, ob Oswald hier war. Woher soll ich das wissen? Jeder konnte damals frei nach Kuba reisen und wieder ausreisen. Wenn er hier war, dann haben wir als Geheimdienst davon nichts erfahren. Seine Kontakte mit Kuba waren politischer Natur. Politik und Geheimdienstarbeit waren bei uns streng voneinander getrennt. Wir haben die politischen Solidaritätsbewegungen im Ausland niemals geheimdienstlich genutzt und gesteuert.«

Seltsam: Oswald war aktives Mitglied des *Fair-Play-für-Kuba-Komitees*, einer militanten Solidaritätsgruppe in den USA, die von Havanna aus geführt wurde. Ihr Vorsitzender Vincent Lee flog regelmäßig über Mexiko nach Havanna, um sich Instruktionen abzuholen. Der Geheimdienst G-2 muss doch eine Mitgliederliste dieser Gruppierung gehabt haben? Der General besteht darauf, dass er auf einer Insel der Ahnungslosen gelebt habe: »Wir hatten keine Ahnung von diesem Komitee. Wir waren nur ein kleines Häuflein damals, junge Revolutionäre ohne jede Erfahrung. Ich erzähle Ihnen mal an einem Beispiel, wie dumm wir waren: Manchmal haben wir unsere Informanten in den USA angerufen und auf der normalen Telefonleitung mit ihnen geredet.«

Escalante lacht herzlich über diese Klamotte aus der Sturm-und-Drang-Zeit seines Geheimdienstes. Er redet so, als sei er Fähnleinführer eines christlichen Pfadfinderclubs gewesen und nicht der Operationschef eines der schon damals erfolgreichsten und gefährlichsten Geheimdienste der Welt.

36 Lee Harvey Oswald mit Gewehr, fotografiert von Marina Oswald

Wenige Tage nach seiner Konfrontation mit Carlos Bringuier überraschte Oswald seine Frau mit einem neuen Plan: Er werde nach Kuba reisen. Da es keinen legalen Weg dafür gebe, werde er ein Flugzeug entführen, um nach Kuba zu kommen. Marina nahm diese Idee nicht besonders ernst, aber nach einigen Tagen schleppte er Flugpläne und Landkarten ins Haus und maß mit einem Lineal die Entfernungen zwischen verschiedenen amerikanischen Flughäfen und Havanna aus.

Ein Flugzeug aus Key West, so Oswald, habe wahrscheinlich zu wenig Kerosin an Bord, um bis Havanna fliegen zu können. Er werde daher ein Flugzeug mit Kurs auf Philadelphia oder New York kapern. Während er den Piloten in Schach halten würde, sollte sie, Marina, in der Kabine die Passagiere mit einer Pistole bewachen. Marina lehnte energisch ab, sie habe zu viel Angst, außerdem würde es komisch aussehen, wenn sie als Hochschwangere mit einer Pistole herumfuchtele. Sie bat Oswald inständig, einen anderen Weg zu suchen, um nach Kuba zu reisen. (49)

An einem dieser Augustabende findet Marina ihren Mann mit seinem Gewehr auf der Veranda des Hauses in der Magazine Street. Er zielt auf vorübergehende Passanten. »Trockenübungen« nennt er das. Vor allem übt er das schnelle Nachladen. Auf Marinas empörte Vorhaltungen antwortet er: »Fidel Castro braucht Verteidiger. Ich werde mich seiner Freiwilligenarmee anschließen. Ich werde Revolutionär.« (50)

Oswald war in New Orleans ein politischer Agitator und Spion im Sold Havannas – und er bereitete sich offensichtlich auf eine Mission mit der Waffe vor. Zumindest träumte er davon, dass Fidel ihm eine Mission anvertrauen werde. Doch der Zeitpunkt für einen bewaffneten Einsatz gegen den US-Imperialismus schien ungünstig gewählt. Zwar gingen die Aktivitäten exilkubanischer bewaffneter Gruppen unvermindert weiter, doch in Washington schien sich in diesem Sommer und Herbst 1963 der Wind zu drehen. Es roch nach Tauwetter.

37 John F. Kennedy mit Kindern im Weißen Haus

John F. Kennedy hatte die Wende mit seiner berühmten Friedensrede vom 10. Juni 1963 eingeleitet, als er der erstaunten amerikanischen Öffentlichkeit erklärte, er könne sich einen »genuinen« Friedensschluss mit der Supermacht Sowjetunion vorstellen.

Beide Mächte würden in einem atomaren Konflikt die Hauptverlierer sein und zerstört werden. Sie sollten sich auf einen friedlichen Wettbewerb der Systeme einigen: »Unsere grundlegende Gemeinsamkeit ist, dass wir alle auf diesem kleinen Planeten leben. Wir atmen alle die gleiche Luft. Wir wollen alle eine gute Zukunft für unsere Kinder. Und wir sind alle sterblich.« (51)

Mit dieser Rede hat Kennedy die Epoche der friedlichen Koexistenz eingeleitet, die in Moskau und in Havanna begrüßt wurde. Welches Motiv sollte Fidel Castro jetzt noch gehabt haben, Kennedy umzubringen? Denn Kennedy und seine Berater starteten ab Januar 1963 verschiedene diskrete Initiativen, um herauszubekommen, ob man sich auch mit ihm über einen Kompromiss verständigen könnte.

William Atwood, ein hoher amerikanischer UN-Diplomat, traf sich am 23. September 1963 gar mit dem kubanischen UN-Botschafter Carlos Lechuga. Präsident Kennedy hatte das Treffen abgesegnet. Es fand auf einer Cocktailparty der Journalistin Lisa Howard statt, die ihrerseits engen Kontakt zu Fidel Castro pflegte. Auf dieser Cocktailparty teilte Atwood den Kubanern mit, welche Bedingungen Kennedy für eine Tolerierung der Revolutionsregierung stellte: Kuba muss die sowjetische Militärpräsenz auf Kuba beenden, Castro muss politisch mit den kubanischen Kommunisten brechen und er muss die »Subversion« in Lateinamerika stoppen. (52)

Der verdeckte Krieg gegen Kuba ging unter Robert Kennedys Leitung indes unvermindert weiter. Es gab nun allerdings eine zweite Linie in der Kuba-Politik der USA, die auf eine politische Lösung des Dauerkrachs mit Kuba abzielte. Inoffiziell hieß dieses Doppelspiel *double track policy*«. Warum sollte die kubanische Staatssicherheit die Chance auf einen Ausgleich vermasseln und den Auftrag erteilen, Kennedy zu ermorden? Ohne Motiv kein Mord. Hat General Escalante doch recht, wenn er behauptet, Kennedy und Castro standen kurz davor standen, sich zu versöhnen, als die Kugeln von Dallas diesem Vorhaben ein jähes und schreckliches Ende bereiteten?

» Manchmal denke ich, wir haben einen
sehr hohen Preis dafür bezahlt, dass wir
in einigen Dingen, vor allem was Kuba
betrifft, mehr Energie als Weisheit an
den Tag gelegt haben. «

ROBERT KENNEDY, 1968

6.
John F. Kennedys Versuchung

Der Arlington-Friedhof in Washington ist eine nach Blüten und Fäulnis duftende Parklandschaft. Ein Platz für Helden. Neben den Toten aus den Kriegen der USA liegen hier die ermordeten Kennedy-Brüder. Vereint und doch getrennt. Das Grab von John F. liegt unter schwarzem Granit im Zentrum einer pompösen Treppenlandschaft. In der Mitte die ewige Flamme, an der täglich ab acht Uhr morgens hunderte von Menschen vorbeipilgern. Ein magischer Ort. Noch im Tod zieht er die Menschen an wie kein Präsident vor oder nach ihm. Von seinem Grab aus hat man die schönste Aussicht auf Washington: In der dunstig flimmernden Morgenluft schwimmen, einer Fata Morgana gleich, die Monumente des amerikanischen Selbstbewußtseins: Das Ehrenmal für die Gefallenen des Zweiten Weltkrieges, der Obelisk und dahinter die runde, weiße Kuppel des Kapitols.

Wenige Meter neben dem Grab John F. Kennedys liegt das Grab seines jüngeren Bruders Robert, leicht zu übersehen und mit Abstand das ärmlichste auf dem ganzen Heldenfriedhof. Nur ein kleines weißes Holzkreuz mit dem Namen, das in der grünen Wiese steckt. Irgendjemand hat vor das Kreuz eine rote Rose gelegt. Die Inszenierung der Gräber ist die symbolische Fortsetzung eines weitgehend unbekannten Dramas, das sich zu Lebzeiten zwischen den Brüdern abspielte, seit den Tagen ihrer Kindheit.

Eine Brudertragödie

Verabredet bin ich mit Joseph Califano, einem ehemaligen Mitarbeiter Robert Kennedys. Einer breiten Öffentlichkeit wurde er als Gesundheitsminister unter Jimmy Carter bekannt. Er gehört, wie schon sein Vater, zum Urgestein der Demokratischen Partei und ist bis heute politisch aktiv. Von seinem Büro in einem New Yorker Wolkenkratzer aus leitet er eine nationale Kampagne gegen Drogensucht. Es war nicht leicht, bei ihm einen Termin zu ergattern, damit er über ein dunkles Kapitel in der Geschichte seiner Partei aussagt.

38 Joseph Califano mit Präsident Johnson 1964

39 Joseph Califano 2005

Califano war 1963 im Auge des Hurrikans, gehörte als Stabs-offizier im Pentagon zu einem kleinen Kreis handverlesener Ver-trauensleute, die unter dem Kommando von Robert Kennedy den geheimen Krieg gegen Kuba organisierten. Zu seinen normalen Tätigkeiten im Verteidigungsministerium gehörte die Verwal-tung der Liegenschaften des Pentagon, wozu auch der Helden-friedhof zählt.

Am Tag nach John F. Kennedys Tod ging er mit Robert Ken-nedy über den Friedhof, um einen Platz für den toten Präsiden-ten zu finden. Die Erinnerung an diesen grauen Novembertag treibt dem energischen alten Mann noch heute die Tränen in die Augen: »Bobby war am Boden zerstört. Er war der traurigste Mann, den ich je gesehen habe und nur noch ein Schatten seiner selbst. Ich wusste schon damals Dinge über Bobbys geheimen Krieg gegen Kuba, die selbst die Warren-Kommission nie erfah-ren würde. Mir war bewusst: Seine immense Traurigkeit rührte daher, dass er sich am Tod seines Bruders schuldig fühlte, weil sein aggressives Vorgehen gegen Castro bewirkt haben könnte, dass Castro Kennedy umbrachte.«

Auch andere Weggefährten Robert Kennedys bezeugen Califanos Beobachtung: Robert Kennedy war in den Monaten nach dem Tod seines Bruders ein gebrochener Mensch, gepeinigt von Schuldgefühlen. Oft vergrub er sich in die Lektüre griechischer Tragödien über die Macht des Schicksals und über den Untergang großer Geschlechter. Vor allem ein Vers Aischylos' hatte es ihm angetan: »Hochmut reift zu tränenreicher Ernte. Die Götter selbst sind Rächer allzu kühn aufstrebenden Hochmuts.«

Robert Kennedy war mit seiner Ahnung nicht alleine, der Mord an seinem Bruder könnte ein präventiver Schlag Castros gewesen sein. Auch Präsident Johnson dachte so, genauso wie Califano selbst: »Über die Jahre habe ich viel darüber nachgedacht. Wenn ich in Castros Haut gesteckt hätte, hätte ich vielleicht genauso gehandelt wie er. Er musste etwas tun, wenn er bei wachem Verstand war. Anfang November wurde der südvietnamesische Präsident Diem bei einem Staatsstreich ermordet – mit dem grünen Licht des Weißen Hauses. Und das, obwohl er unser Verbündeter war! Castro musste also davon ausgehen, dass ihm auch etwas passieren würde. Die Kennedy-Brüder waren entschlossen, ihn umzubringen. Das ist die Wahrheit.«

Das Verhältnis zwischen Kuba und den USA war im Jahr 1963 eine explosive Mischung, über deren Zusammensetzung die Historiker sich auch nach über vierzig Jahren nicht einig sind. Vor allem liegt im Dunkeln, was Präsident Kennedy selbst wollte: Krieg oder Frieden? Oder beides? Bobby Kennedy führte Krieg gegen Castro und John F. Kennedy sprach gleichzeitig mit ihm über Frieden. Ist das kein Widerspruch? »Nein«, antwortet General Haig, dem ich diese Frage stelle. »Es war kein Widerspruch, es war clever.«

Für Außenstehende war die Cleverness der Kennedy-Brüder nicht ohne weiteres zu erkennen. Castro musste mit dem Schlimmsten rechnen. Seine Spione in den exilkubanischen

Gruppen in New Orleans überbrachten beunruhigende Nachrichten: Robert Kennedy setzte im Laufe des Jahres 1963 zunehmend auf Männer, die er für mutiger hielt als die Strategen der CIA, nämlich die Kommandanten der exilkubanischen Invasionsarmee, die er im Herbst 1962 für etwas über 60 Millionen Dollar Hilfsgüter von Fidel Castro freigekauft hatte.

Black Robert

Robert Kennedy wollte den Krieg gegen Castro im Sommer 1963 »kubanisieren« und finanzierte den Aufbau einer neuen Invasionstruppe mit dem Codename *Second Naval Guerilla*. Monat für Monat erhielten die Kommandanten dieser Armee 225 000 Dollar, direkt von Robert Kennedy. (53)

Robert Kennedy griff auch in operative Detailentscheidungen des Krieges ein. Das ging so weit, dass er Bombenziele auf Kuba festlegte. Durch sein persönliches Engagement machte er sich und seinen Bruder verwundbar. Die exilkubanischen Kommandanten wie Manuel Artime, Pepe San Román, »William« Enrique Ruiz Tagle und Rafael Quintero wurden zu häufig gesehenen Gästen in Robert Kennedys Haus auf Hickory Hill. Robert fühlte ihnen gegenüber eine tiefe Schuld und versprach ihnen, sie mit all seinen Möglichkeiten in ihrem »Befreiungskampf« zu unterstützen. Einer aus ihrer Riege lebt noch. Ich finde ihn in Miami: Rafael Quintero. Er bezeugt Robert Kennedys Besessenheit: »Er wollte es Castro zurückzahlen. Das hat er mir oft gesagt. Mir war klar, dass es dabei nicht um ideologische Motive ging. Bobby wollte es, weil der Name Kennedy gedemütigt worden war. Er selbst hat es mir mit diesen Worten gesagt.«

Wie ein »Terrier«, so seine ehemaligen Mitarbeiter, habe sich Robert Kennedy in die Schlacht gestürzt. Er wollte gegen Fidel Castro siegen. Er musste siegen. Es war sein Krieg. Dabei ging es nicht nur um die Fragen der Nationalen Sicherheit. Es

40 Robert und John F. Kennedy

ging auch um seine Urängste und um seine Stellung in der Familie.

Im Zweiten Weltkrieg war er noch zu jung, um seinen Mut beweisen zu können. Das Heldentum blieb seinen Brüdern vorbehalten. Sein ältester Bruder, Joseph jr., starb bei einer Selbstmordmission in der Normandie und Bruder John Fitzgerald wurde im August 1943 zum Kriegshelden, als er, selbst schwer verletzt, die Besatzung seines Patrouillenbootes aus dem pazifischen Ozean rettete. Bobby Kennedy wurde von seinem ehrgeizigen und harten Vater Joseph mit seinen erfolgreichen Brüdern verglichen und unverhohlen mit offener Geringschätzung behandelt.

Bobby galt als ungeschickter »Wicht«, scheu und »mädchenhaft«. In der Familienhierarchie rangierte er ganz unten. So wurde er zum schwermütigen Grübler und Einzelgänger. Sein Bruder John, dem er noch am nächsten stand, nannte ihn stets »Black Robert«.

Dabei war er beileibe kein Feigling. Er setzte sich furchtlos für benachteiligte Kameraden in der Schule ein und versuchte stets das zu tun, vor dem er am meisten Angst hatte: Er sprang von hohen Klippen ins kalte Wasser oder raste die gefährlichsten Skiabfahrten hinunter, die er finden konnte. »Mut« war für ihn eine Kulthandlung. Mit spektakulären Aktionen versuchte er, sein Ansehen in der Familie zu verbessern. Das Familientrauma sollte ihn nie verlassen. Sein Biograph Evan Thomas bilanziert: »Kennedy kämpfte sein ganzes Leben gegen Dämonen, die ihn von innen und von außen bedrohten. Er war mutig, weil er Angst hatte. Die Monster waren zu groß und zu nahe, als dass er hätte fliehen können. Er musste sich umdrehen und kämpfen. Kennedy, der Guerillakämpfer romantisierte, wurde selbst einer.« (54)

In den 1000 Tagen der Kennedy-Herrschaft verkörperte John F. die gute Seite des Systems Kennedy: Er war humorvoll, gelassen und cool. Nach Norman Mailers Beobachtung hatte er »die Weisheit eines Mannes, der den Tod in sich fühlt und der darauf setzt, dass er ihn besiegen kann, indem er sein Leben riskiert«. (55)

Robert Kennedy übernahm den Part des harten und gnadenlosen Vollstreckers in den innen- und außenpolitischen Schlachten des Kalten Krieges. Die Brüder agierten dabei nie im Widerspruch zueinander, sie ergänzten einander meistens sehr gut. Auch gegenüber Kuba gab es zwei Methoden: Zuckerbrot und Peitsche. Im Laufe des Jahres 1963 bekam die Waage der Kuba-Politik jedoch eine klare Schieflage zu Gunsten des Hardliners Robert Kennedy. Der Präsident ließ ihm freie Hand. Robert bekam seinen Krieg, ohne zu ahnen, dass er dafür mit dem Leben seines Bruders bezahlen würde.

Am 19. Juni 1963 billigt John F. Kennedy einen neuen Vorschlag seines Bruders über eine Serie »dementierbarer Operationen« gegen Kuba, darunter die Zerstörung von Kraftwerken, Raffinerien, Eisenbahnlinien und Produktionsbetrieben. Die Chance auf eine grundlegende Verbesserung in den Beziehungen zu Kuba wird damit vertan. Die Zeichen stehen auf Sturm. Dabei ist Robert Kennedy sich darüber im Klaren, dass Fidel Castro in Kuba fest im Sattel sitzt. In absehbarer Zeit wird er nicht durch den innerkubanischen Widerstand gestürzt werden. Jeder Aufstand ist zum Misserfolg verurteilt, solange Fidel Castro lebt. Fidel Castro ist das Hauptproblem. Die CIA soll es aus der Welt schaffen.

In Havanna frage ich General Escalante, wie die widersprüchlichen Botschaften der Kennedy-Brüder bei der kubanischen Regierung ankamen. Glaubte sie an Kennedys Friedensbotschaft? Escalantes Analyse ist nüchtern und lässt wenig Platz für die Illusion, Kennedy und Castro hätten sich gut verstanden, wenn man sie nur gelassen hätte: »Kennedy hatte 1963 ein Problem: Eine offene Invasion Kubas war nach den Verträgen mit den Sowjets nicht mehr möglich. Aber alle anderen Formen des verdeckten Krieges wurden 1963 noch verschärft. Vielleicht kannte sein älterer Bruder nicht alle Details dieses Krieges, aber Robert kannte sie. Ich gehe davon aus, dass er auch von dem Plan wusste, Fidel zu ermorden. Er war in diesem Krieg schließlich der General.

Andererseits gab es im Kabinett Kennedys auch ein paar Intellektuelle, wie Robert McNamara und McGeorge Bundy, die nach politischen Lösungen suchten. Sie entwickelten das sogenannte ›Zweite Gleis‹ der Kuba-Politik und stellten uns über geheime Kanäle eine Übereinkunft in Aussicht, falls wir klein beigeben würden.

Präsident Kennedy unterstützte diese gemäßigte Linie. Seine Idee war: Wenn Kuba durch die Sabotageaktionen und das Wirtschaftsembargo am Boden liegt, wenn eine Hungersnot ausbricht, dann würde er uns ein Geschäft anbieten, aber zu seinen Bedingungen. Die Kennedy-Brüder wendeten zwar verschiedene Methoden an, aber sie hatten beide das gleiche Ziel: Die Zerstörung unserer Revolution.«

Mörder GmbH

Samuel Halpern ist der einzige noch lebende CIA-Mann, der in den streng geheimen Plan zur Ermordung Castros eingeweiht war. Er war 1962 und 1963 stellvertretender Chef des *Cuban Desk* der CIA und für die praktische Umsetzung des Todesbefehls gegen Castro verantwortlich. Zu diesem Zweck ließ er von der »Gesundheitsabteilung« der CIA verschiedene Tötungswerkzeuge entwickeln, unter anderem einen mit Gift gefüllten Kugelschreiber.

Ende 2003 kontaktiere ich Sam Halpern mit Hilfe von Gus Russo und besuche ihn mit meinem Filmteam in in seinem Häuschen in Alexandria, West Virginia. Es ist eiskalt und das Viertel liegt unter einer Schneedecke begraben. Seine Frau will uns zuerst nicht hineinlassen. Es gehe ihrem Mann nicht gut – er würde keine Interviews mehr geben. Ganz offensichtlich möchte sie ihn abschirmen. Sollen wir umkehren und aufgeben? Nein, denn hier wohnt wahrscheinlich der einzige Mann auf der Welt, der aus eigener Anschauung weiß, wer den Befehl zur Ermordung

41 Der CIA-Offizier Sam
Halpern 2003

Castros gab. Wir warten draußen bei eisigem Wetter ab, so lange
bis die Ehefrau sich unserer erbarmt und in die warme Stube
lässt.

Sam Halpern ist an Leukämie erkrankt, ein todkranker
Mann. Er sitzt am Kamin in seinem gemütlichen Wohnzimmer
mit roten Ziegelwänden und vollen Bücherregalen. Ein freund-
liches Gesicht, Bürstenhaarschitt und ironisch blitzende Augen
hinter einer Nickelbrille. Man kann ihn sich als Psychoanalytiker
oder Anglistik-Professor vorstellen, aber als Killer im staatlichen
Auftrag?

Ohne Umschweife kommt er zur Sache: Ein Freund der Kennedys sei er nicht gewesen, aber das hatte keine politischen
Gründe. Die Kennedys waren nach seinem Geschmack zu »emotional«, gesteuert von maßlosen Leidenschaften: »Bobby Kennedy war Justizminister, aber seine Hauptenergie hat er in den
Kampf gegen Castro gesteckt. Sein Bruder Jack nicht, der hatte
andere Sorgen. Warum Bobby so besessen war, weiß ich bis heute
nicht. Kuba war eigentlich keine Bedrohung unserer vitalen In-
teressen, das Land war ein Zwerg in der Karibik. Ich sagte

immer, wir machen aus dem Zwerg ein Monster. Aber ich war nur ein Angestellter und hatte Befehle zu befolgen.

Bobby steckte in der Sache drin bis zur Halskrause. Er umging die Kommandokette der CIA und gab den Falloffizieren direkte Befehle. Er hielt sich für einen großen Meister der Spionage. Die Kennedys benutzten die CIA als Tigertatze. Das gefiel mir nicht. Denn wenn die Tatze ins Feuer gerät, dann kann es richtig wehtun. Meine Bosse hatten es nicht einfach mit den Kennedys. Die dachten, wenn sie jemanden loswerden wollten, dann könnte die CIA ihn einfach eliminieren. Aber so läuft das nicht. Es ist nicht so einfach, jemanden zu töten, schon gar nicht, wenn es sich dabei um Fidel handelt.«

Wollte er, Sam Halpern, den kubanischen Staatschef ermorden lassen oder nicht? »Ja, wir wollten Castro eliminieren.« Daran wolle er nichts beschönigen. Aber es war ein Mordplan im Auftrag des Weißen Hauses und im Interesse der Nationalen Sicherheit. Die CIA als Behörde, die direkt dem Präsidenten untersteht, habe »keinerlei« Möglichkeiten gehabt, solche Operationen eigenmächtig durchzuführen. Nichts geschah ohne politischen Auftrag. Er selbst habe keinen Grund gesehen, den Befehl zu verweigern, auch wenn er persönlich den Plan für falsch und riskant hielt. Ich bitte Sam Halpern darum, präziser zu werden. Gab einer der Kennedy-Brüder den Befehl, Castro zu ermorden?

»Etwas Schriftliches gibt es nicht. Wirklich wichtige Dinge werden nie aufgeschrieben. Aber Dick Bissell, der Chef der geheimen Operationen war, kam einmal von einem Treffen mit den beiden Kennedys zurück und erzählte mir, dass Bobby ihn gefragt habe, was zum Teufel wir denn seit der Schweinebucht getan hätten in Sachen Castro und Kuba. Dick antwortete ihm, er hätte nicht faul auf seinem Hintern gesessen, sondern geheime Informationen über Castro gesammelt. Darauf Bobby: ›Das ist ja wunderbar, aber Castro ist immer noch da. Was tun Sie, um ihn und sein Regime loszuwerden? Unternehmen Sie endlich etwas, um Castro loszuwerden.‹ Ich sagte zu Dick: ›Was heißt loswerden? Gibt es da Grenzen bei den Methoden?‹ Und Dick antwortete: ›Nein, es gibt keine, loswerden heißt loswerden. Verstehst du kein Englisch?‹ Ich fragte: ›Schließt das Mord ein?‹ Seine Antwort war: ›Lass deine Phantasie spielen.‹«

Spätestens jetzt lässt Sam Halpern durchblicken: Ein Freund der Kennedys war er nicht. Ich mag diesen Zyniker mit seiner glänzenden Nickelbrille und dem ironischen Zucken um die Mundwinkel, vielleicht, weil er so gnadenlos ehrlich ist und nichts beschönigt, auch nicht die eigenen Verbrechen, die er im Namen des Staates begangen hat.

Rosé mit Rolando Cubela

Im September 1963 ist die Tragödie nicht mehr aufzuhalten. Das Duell zwischen den Protagonisten Kennedy und Castro spitzt sich zu. Auf beiden Seiten der Front fällt die endgültige Entscheidung zugunsten des politischen Mordes – und beide Seiten heuern einen Auftragsmörder an. Robert Kennedys Killer heißt Rolando Cubela. In ihn setzt er jetzt alle Hoffnungen. Cubela ist ihm von seinem engsten kubanischen Vertrauten, Manuel Artime, wärmstes empfohlen worden.

Als Kommandant der Revolution hat er jederzeit Zugang zu Fidel Castro. Und er hat bewiesen, dass er vor Mord nicht zurückschreckt. Schon als 18-Jähriger erschoss er auf offener Straße einen Geheimdienstoffizier der Batista-Diktatur. Er ist Held der Revolution und einer ihrer wichtigsten militärischen Führer. Seit 1961 pflegt er geheime Kontakte zur CIA, weil er die Macht auf Kuba übernehmen will. Cubela ist Robert Kennedys größter Trumpf.

Hat Cubela auch den Mumm, Fidel Castro zu töten? Die CIA will es im Herbst 1963 genau wissen. Die Gelegenheit ergibt sich, als Cubela Anfang September an der Spitze einer offiziellen Delegation kubanischer Sportler nach Porto Alegre in Brasilien reist. Man kann ihn dort ohne Aufsehen treffen. Dabei soll der mörderische Pakt perfekt gemacht werden. Sam Halpern schickt den Führungsoffizier der CIA Nestor Sánchez nach Brasilien, der Cubela am 7. September in Porto Alegre trifft, um mit ihm den geplanten Putsch in Kuba zu besprechen. Dabei erklärt sich Cubela zum ersten Mal ausdrücklich damit einverstanden, Castro zu beseitigen. Im Treffbericht des CIA-Offiziers heißt es ein wenig verschämt, Cubela sei bereit, den »inside job« zu erledigen. Das ist ein CIA-Euphemismus zur Umschreibung des hässlichen Wortes Mord. (56)

Die CIA-Dokumente zu Cubela, die inzwischen für die Forschung freigegeben sind, klingen wie ein Agententhriller. War er ein Doppelagent, der für beide arbeitete, für Castro und Kennedy? Am liebsten würde ich ihn selbst nach seiner Rolle beim tödlichen Duell zwischen Kennedy und Castro fragen, und natürlich auch danach, wie seine Treffen mit Lee Harvey Oswald verliefen. Lebt Cubela noch? Wenn ja, wie soll ich an ihn herankommen?

Ich greife auf einen alten Bekannten zurück, den ich bei Recherchen zu den Hintergründen des Staatsstreiches in Chile im Jahr 1973 kennen gelernt hatte. Sein Name: Pablo Zepeda. Er war 1973 in Santiago de Chile Leibwächter des sozialistischen Staatspräsidenten Salvador Allende und wurde Augenzeuge, wie Allende sich in verzweifelter Lage in seinem Palast erschoss – mit der Kalaschnikow, die ihm Fidel Castro geschenkt hatte.

Zepeda konnte nach dem Staatsstreich Pinochets nach Kuba entkommen und diente dem kubanischen Geheimdienst 20 Jahre lang als »Soldat der Weltrevolution« – mit Einsätzen in Nicaragua, Afrika und im Nahen Osten. Sein letzter Job für den kubanischen Geheimdienst führte ihn in den neunziger Jahren nach Barcelona. Dort lebte Cubela seit seiner Freilassung aus Kuba im Jahr 1978. Zepeda hatte den Auftrag, sich mit Rolando Cubela anzufreunden und Berichte über ihn nach Havanna schicken: »Wir saßen oft in einer Bar zusammen und redeten über die alten Zeiten. Er spielte immer noch eine wichtige Rolle bei militanten exilkubanischen Gruppen und pflegte in deren Auftrag Kontakte zu rechtsradikalen Gruppen in Europa. Aber im Laufe unserer Bekanntschaft bekam ich immer mehr das Gefühl, dass er in Wirklichkeit auch heute noch an der Leine des kubanischen Geheimdienstes geführt wird, um die militante exilkubanische Szene zu unterwandern. Wahrscheinlich hat er auch über mich Berichte nach Havanna geschickt, so wie ich über ihn. Die Sache wurde mir zu bunt und ich entschloss mich, auszusteigen und nach Chile zurückzukehren. Ruf ihn an. Er ist ein netter Kerl.«

Heute lebt Cubela in Madrid. Am Telefon ist er freundlich, aber reserviert. Nein, ein Interview komme nicht in Frage, diese CIA-Geschichte habe seinen Ruf als politischen Führer Kubas ruiniert. Öffentliche Aufmerksamkeit könne ihm nur schaden. Aber wenn ich mal zufällig in Madrid sei, könnte ich doch zu einem Tässchen kubanischen Kaffees vorbeikommen.

Zwei Wochen später stehe ich vor der Tür. Ein anonymes Apartmenthaus mit etwa 80 Klingeln. Sie tragen Nummern, aber keine Namen. Ein grimmig blickender Pförtner bewacht den Eingang. Also heißt es warten. Nach einer Stunde verlässt ein alter Mann in einem weißen kubanischen Guyabera-Hemd das Gebäude. Von der wallenden Mähne des Guerillakämpfers ist nichts mehr übrig. Auf seinem Schädel, glatt und oval wie ein Ei, wachsen nur noch wenige Haare, auch sie schneeweiß. Das muss er sein. Ich gehe bis zu einer Telefonzelle hinter ihm her. Er versucht zu telefonieren, hat aber Probleme, die Telefonnummer auf seinem Notizzettel zu erkennen. Ich helfe ihm. Nachdem er mit dem Telefonat fertig ist, stelle ich mich vor und er ist sofort im Bilde. Nach einer Schrecksekunde bricht er in spontanes Lachen aus und lädt mich in seine Lieblingsbar zu einem gut gekühlten Glas Rosé ein. Es ist heiß und heute ist das Thermometer in Madrid auf 35 Grad gestiegen. Cubela hasst die Hitze. Sie verstärkt seine körperlichen Gebrechen wie ein Echo.

42 Rolando Cubela 1959

Das Gespräch fängt gut an, denn wir haben eine gemeinsame Bekannte, von der ich ihn grüßen kann: Die Bremer Kapitänstochter Marita Lorenz, die kurz nach dem Sieg der Revolution wie eine Gestalt aus Grimms Märchen am Pier von Havanna auftauchte, an Bord der *Berlin*. Fidel machte einen Bordbesuch, trank mit dem Kapitän ein paar Flaschen deutsches Bier und verliebte sich in seine schöne Tochter. Bald darauf machter er Marita zu seiner offiziellen Geliebten und sie durfte monatelang im *Havanna Libre Hotel* wohnen, wo auch die Führer der Revolution ihr vorläufiges Hauptquartier aufgemacht hatten. Cubela wohnte in dem Hotel neben Che Guevara, mit dem ihn eine enge Freundschaft verband. Marita war nach Cubelas Erinerung ein beliebtes Gespächsthema: »Verdammt hübsch war sie, Fidels *alemanita*. Alle anderen Frauen waren sehr eifersüchtig auf sie. Das gab Ärger.« Das war 1959 – im Jahr eins der Revolution.

Es waren Zeiten der politischen Unschuld. So lange, bis Mikoyan kam, der sowjetische Ministerpräsident. Danach wehte in Kuba ein anderer Wind und das »stalinistische System«, so Cubela, zerstörte Schritt für Schritt die Demokratie – aber auch das Vertrauen der Kommandanten untereinander. Als Fidel die Bauern des Escambray-Gebirges in den Westen des Landes deportieren lassen wollte, weil sie für »konterrevolutionäre Infiltration« anfällig seien, habe er, Cubela, das abgelehnt. Fidel habe einen Wutanfall bekommen: »Er war sehr populär und charismatisch und hätte jede Wahl ohne Zweifel gewonnen. Aber irgendwann sagte er: Wozu brauchen wir noch Wahlen? In den ersten Monaten hat er sich sehr verändert. Er war im Delirium der Macht und wollte alles allein machen.«

Rolando Cubelas Gesicht wird jetzt weiß vor Wut und er redet sich in Rage: »Mir war klar, dass Fidel unsere demokratischen Ideale verriet. Ich wollte ihn eliminieren. Es gab keinen anderen Weg. Fidel war das Krebsgeschwür im Körper der Nation und als Arzt wusste ich, dass man ein Krebsgeschwür nicht heilen kann, man muss es entfernen.«

Ein Agent der CIA sei er trotzdem nie gewesen. Er und viele andere wollten Fidel aus eigenen Kräften stürzen. Seine Gespräche mit CIA-Offizieren und mit Desmond FitzGerald, dem Vertrauten Robert Kennedys, hätten nur dazu gedient, Unterstützung für den geplanten Staatsstreich zu suchen. »Aber das hat mein Leben zerstört, alle sehen in mir nur den CIA-Agenten.« Als vor einigen Jahren ein Artikel über ihn in der spanischen Presse stand, habe er seinen gut bezahlten Job als Herzarzt in einer Barcelonaer Klinik verloren. »Jetzt will ich nur noch meine Ruhe haben.«

Was genau wollte die CIA im Herbst 1963 von ihm?

»Die CIA wollte, dass ich Fidel vergifte. Ich sagte: Nein, das will ich nicht, ich möchte richtige Gewehre.«

»Und bekamen Sie welche?«

»Ja, sie wurden direkt nach Kuba geschickt. Kennedys Beauftragter Desmond FitzGerald garantierte mir, dass Präsident Kennedy und sein Bruder mich in jeder Hinsicht bedingungslos unterstützen würden.«

Den persönlichen Kontakt zu Robert Kennedy habe er auch über einen gemeinsamen Freund gehalten: Manuel Artime. Artime war nach der Revolution verantwortlich für die Durchführung der Agrarreform im Osten Kubas gewesen und ging nach seinem Bruch mit Castro ins Exil. Er wurde der bedeutendste politisch-militärische Führer der Exilkubaner und war ein enger Freund Robert Kennedys. »Keine amerikanische Regierung«, so Cubela, »hat unseren Kampf mehr unterstützt als die von John F. Kennedy. Die Exilkubaner liebten diesen Präsidenten, jedenfalls alle, die demokratisch waren. Die Anhänger der alten Batista-Diktatur hassten ihn, denn sie bekamen in der Zeit nach der Raketenkrise keine Unterstützung mehr. Kennedy drehte ihnen den Hahn ab.«

Für heute, so findet Cubela urplötzlich, habe er genug geplaudert. Er klopft mir zum Abschied auf die Schulter und widmet sich ganz dem kleinen Fernsehgerät, das in der Ecke der Bar hängt. Ein Stierkampf von Star-Matador *El Cid*, der an diesem

43 Daniel Harker und Fidel Castro am 7. 9. 1963

Abend mit zwei abgeschnittenen blutenden Stierohren in die He-
roengeschichte des Stierkampfes eingehen wird, wird live über-
tragen. Cubela liebt Stierkämpfe. Der Kalte Krieg kann warten.

Warnung aus Havanna

Was Robert Kennedy und auch die Verantwortlichen bei der CIA
nicht ahnten: Fidel Castro war über die Operation AM-LASH
mit Cubela auf dem Laufenden. Noch am Abend des 7. September 1963, dem Tag, an dem Cubela den tödlichen Pakt mit der
CIA abschloss, schickte Fidel Castro eine Warnung nach Washington.

Ihr Überbringer war Daniel Harker, ein kolumbianischer
Journalist, der 1963 als Korrespondent der Nachrichtenagentur
AP in Havanna arbeitete. Er sympathisierte mit der Revolution
und hatte einen guten persönlichen Draht zu ihren Führern, da-

44 Daniel Harker 2005

runter auch zu Fidel Castro. Heute lebt er im kolumbianischen Bucaramanga. Am Telefon sagt er, wir sollten für das Interview auf keinen Fall nach Kolumbien kommen. Ausländische Besucher würden die Aufmerksamkeit der Drogenbosse oder der Paramilitärs auf ihn lenken. Beides könnte ungemütlich werden. Er lebt auf einem Pulverfass und bietet an, für das Interview in die USA zu fliegen. Wir treffen uns ein paar Wochen später in einem Hotel in Washington.

Ein jungenhaft wirkender 70-Jähriger, der fast noch genauso drahtig aussieht wie auf dem Foto, das an diesem denkwürdigen 7. September 1963 entstand und auf dem er während seines Gespräches mit Fidel Castro zu sehen ist.

Der brasilianische Botschafter in Havanna gab an diesem 7. September einen Empfang im Foxa-Hochhaus von Havanna. Fidel Castro tauchte auf, sah Daniel Harker unter den Gästen und sprach ihn an: »He Kolumbianer, komm her, ich muss mit dir reden. Es war klar, dass er mir etwas mitzuteilen hatte. Es ging um die Politik der Kennedy-Regierung und um Lateinamerika. Er wollte meine Meinung über Kennedy hören und kam dann auf die Versuche der USA zu sprechen, ihn zu ermorden. Er benutzte das Wort ›Mord‹ nicht. Er sagte ›Anschläge‹. Fidel wirkte sehr erregt und sagte: ›Kennedy ist ein Kretin, der Batista unserer Tage.‹ Dann sagte er: ›Wenn die US-Regierung nicht damit aufhört, den Führern der kubanischen Revolution nach dem Leben zu trachten, muss sie damit rechnen, dass den Führern der USA das Gleiche passiert.‹ Das kam mir wie eine Warnung vor.«

Harker überbrachte die Warnung nach Washington und schrieb in mehreren Artikeln über diese seltsame Begegnung mit Fidel Castro. Auch in der Lokalzeitung von New Orleans. Oswald dürfte den Artikel gelesen haben, denn er war ein eifriger Zeitungsleser. In Washington nahm niemand die Warnung aus Havanna ernst. Hatte Harker möglicherweise übertrieben? Der kubanische Geheimdienstchef Escalante warf ihm später sogar vor, er hätte die Worte Castros »verfälscht«. (57) Diese Behauptung Escalantes ist von Vertretern der US-amerikanischen Verschwörungstheorie ungeprüft übernommen und verbreitet worden, obwohl Castro selbst Harkers Aussage als wahrhaftig bestätigt hat, was in den Vernehmungsprotokollen des Untersuchungsausschusses *Politische Morde* nachzulesen ist. Als der nämlich im April 1978 nach Havanna reiste und Fidel Castro vernahm, sagte der kubanische Staatschef über sein Treffen mit Harker: »Ich wollte die US-Regierung warnen, dass wir von den geplanten Anschlägen gegen mein Leben wussten. Ich sagte etwas in der Art: Diese Anschläge sind ein schlechtes Vorbild, sie könnten sich zu einem Bumerang gegen die Autoren der Anschläge entwickeln. Das habe ich gesagt, aber es sollte keine Drohung sein.« (58)

Die Falle

Woher konnte Fidel Castro schon am Abend des 7. September in Havanna wissen, dass sich Rolando Cubela wenige Stunden zuvor in Porto Alegre dazu verpflichtet hatte, ihn zu töten? Gab es in der Verschwörergruppe um Cubela einen Maulwurf des kubanischen Geheimdienstes, oder war Cubela selbst der Maulwurf?

General Escalante hat in seinen öffentlichen Erklärungen und Büchern stets behauptet, sein Geheimdienst habe nicht die leiseste Ahnung von Cubelas Verrat gehabt. Es habe 1963 keinerlei Verdacht gegen ihn gegeben. Deswegen sei er bis 1966 ein freier Mann gewesen. Seltsam, dass der Geheimdienst einem Mann wie Cubela traute, der im ständigen Streit mit Fidel Castro lebte und sich seit 1960 mit dem Gedanken plagte, Kuba zu verlassen und ins Exil zu gehen? Dass Escalante auch in diesem Punkt die Geschichte fälscht, erfahre ich bei meiner nächsten Reise nach Mexiko.

45 Aus dem CIA-Bericht über ein Treffen mit Cubela am 1.8.1962 in Paris

Unser Kronzeuge Oscar Marino ist mit dem Fall Cubela sehr vertraut. Er war 1963 Mitglied in der operativen Führung des Geheimdienstes, kannte Cubela persönlich und gehörte auch zu den Offizieren, die verdeckt gegen ihn ermittelten. Schon im Sommer 1963, so Marino, sei bekannt gewesen, dass Cubela ein »Verräter« war und geheime Kontakte zum Todfeind USA pflegte.

Oscar Marino kann sich sehr genau an den Zeitpunkt von Cubelas Enttarnung erinnern: »Es war im Spätsommer 1963. Als Oswald nach Mexiko fuhr, um den Mord an Kennedy zu planen, wussten wir bereits, dass Cubela ein doppeltes Spiel spielte und dass er plante, Fidel zu ermorden.«

Ich verstehe nur nicht, warum er dann nicht verhaftet und verurteilt wurde. Normalerweise wurde mit »Verrätern« in diesen Zeiten kurzer Prozess gemacht. Marino murmelt eine verschämte und kaum verständliche Antwort in den Raum: »In Freiheit war er nützlicher.«

Das bedeutet nach allen Regeln der Geheimdienstkunst: Um seine Haut zu retten, arbeitete Cubela nach seiner Enttarnung für den kubanischen Geheimdienst und lieferte heiße Informationen direkt aus dem inneren Machtzirkel des Weißen Hauses, vor allem über Robert Kennedys Pläne, Castro zu ermorden.

Ein starkes Indiz dafür, dass Cubela »umgedreht« wurde und als Doppelagent für die kubanische Seite arbeitete, ist auch die Tatsache, dass er in Kuba für seinen im Jahr 1963 geplanten Mord an Fidel Castro niemals vor Gericht gestellt, geschweige denn verurteilt worden ist. Ins Gefängnis kam er erst 1966, wegen einer neuen Verschwörung gegen Castro.

Aus dem Bericht eines CIA-Führungsoffiziers von seinem Treffen mit Rolanda Cubela (Codename AM-LASH) am 1. August 1962 in einem Pariser Hotel, dass Cubela die CIA zu riskanten Operationen verleiten wollte:

»Er machte klar, dass er sein Leben nicht für eine kleine Sache riskieren würde. Er habe mehrere Männer, deren Namen er uns aber nicht sagen wollte, auf die er sich verlassen könnte:

darunter zwei Majore, zwei Hauptmänner und einige andere. AM-LASH sagte, er habe einen Plan, eine Ölraffinerie in die Luft zu sprengen. Er plante ebenso die Hinrichtung von Carlos Rodríguez und des sowjetischen Botschafters. Wenn notwendig, werde er auch Fidel eliminieren. Er glaubt, wenn Fidel eliminiert sei, würde es einfacher, die Macht zu übernehmen. An dieser Stelle versuchten wir ihm zu erklären, dass Moskau einen Mann wie Carlos Rodríguez jederzeit ersetzen könne und dass die Ermordung des sowjetischen Botschafters keine wesentlichen Auswirkungen auf die sowjetische Kontrolle Kubas haben würde. AM-LASH war nicht sehr daran interessiert, zuzuhören und fuhr fort, seinen Plan zu erläutern: Seine unterschiedlichen Aktionen würden alle in einem Meisterstreich münden: Die Machtübernahme inmitten der allgemeinen Konfusion.« (59)

Cubela war die janusköpfige Schlange, ein Mann mit engen Kontakten zu Kennedy – und zu Castro. Auch in der CIA war man sich seiner nicht sicher. Cubela war undurchsichtig, widersprüchlich und launisch. Oft machte er einen Rückzieher von seinen Versprechungen der CIA gegenüber, manchmal versuchte er aber auch, seinen CIA-Führungsoffizier zu unbedachten Provokationen hinzureißen. Doch Cubelas Mentor, Robert Kennedy, ließ sich von den Zweifeln der CIA nicht beirren. Für ihn war Cubela die letzte Trumpfkarte im gnadenlosen Poker mit Castro.

Der für die Operation »Cubela« verantwortliche CIA-Offizier Sam Halpern verrät, wie tief der Bruder des Präsidenten in die Operation verwickelt war: »Das Ganze war eine riskante Sache, weil wir nicht sicher wussten, ob Castro die Operation nicht längst infiltriert hatte. Aber Bobby Kennedy ließ uns keine Wahl. Er führte Cubela persönlich – vorbei an der Kommandokette der CIA. Er war besessen von der Idee, Fidel zu töten.«

»Er führte ihn persönlich? Woher wissen Sie das?«

»Cubela hat es uns erzählt. Von ihm haben wir erfahren, dass Bobby Kennedy ihn persönlich antrieb.«

Was Halpern und Robert Kennedy sich nicht im Traum vorstellen konnten war aber die Tatsache, dass ihr Top-Agent Cubela, der Castro töten sollte, im Herbst 1962 Lee Harvey Oswald für den kubanischen Geheimdienst angeheuert hatte. Diese indirekte Verbindung zum Mörder seines eigenen Bruders mag der Grund dafür gewesen sein, das Robert Kennedy nach dem Attentat von Dallas seelisch zusammenbrach, um dann nach Monaten tiefster Depression als geläuterter Mensch und Friedensapostel wieder aufzuerstehen. Das Duell mit Castro hat bei den Kennedys zu einer Brudertragödie geführt.

Es gibt noch viele Fragen an Cubela. Doch so ein alter Maulwurf ist schlau, und ich will ihn nicht dadurch verprellen, dass ich die Katze zu früh aus dem Sack lasse. Am nächsten Nachmittag sind wir noch einmal in seinem Lieblingscafé in Madrid

46 Präsident Manuel Urrutia und Rolando Cubela bei der Übergabe des Präsidentenpalastes am 5.1.1959

verabredet. Wird er kommen? Als ich 10 Minuten vor der Zeit am Treffpunkt bin, ist er schon da. In der Hand schwenkt er einen verblichenen Zeitungsartikel. Eine Reportage der Zeitschrift *Bohemia* vom Januar 1959, geschrieben am Tag fünf der Revolution. Es geht um die Übergabe des Präsidentenpalastes, den Cubela noch besetzt hält. Er ist bereit, den Palast zu übergeben, aber nicht an Fidel Castro. Nur an den neuen, von den Widerstandsgruppen gemeinsam bestimmten Präsidenten Manuel Urrutia.

Auf dem Foto ist Rolando Cubela mit rauschendem Bart und breitkrempigem Bauernhut neben dem neuen Präsidenten Urrutia zu sehen.

Cubelas linker Arm wird von einer Armbinde gehalten. Die Wunde stammt von einer Schussverletzung, die er sich beim Sturm auf einen Panzerzug zugezogen hat. Cubela galt als einer der verwegensten und mutigsten Kommandanten der Revolution. Er war mächtig, denn hinter ihm stand eine eigene Organisation, das *Directorio Revolucionario*, das einen großen Anteil am Sieg der Revolution hatte. Diese Gruppe wurde von Fidel Castro als unliebsame Konkurrenz empfunden und in den ersten drei Jahren seiner Herrschaft politisch zerschlagen.

Cubela selbst war so populär, dass er von den Kommunisten nicht so schnell kaltgestellt werden konnte. Erst im Jahr 1966 wurde er wegen eines Putschversuches verhaftet und zu lebenslang Gefängnis verurteilt. Der amerikanische Präsident Jimmy Carter, so Cubela, habe sich für ihn eingesetzt, so dass er 1978 vorzeitig freikam. Geheimdienstchef Fabian Escalante »persönlich« habe ihn zum Flugplatz gebracht und ihn ermahnt, sich ruhig zu verhalten: »Wir kriegen dich überall, wenn du Mist baust.« Als er sich in Spanien niederließ, habe der kubanische Geheimdienst ihm sogar eine Arbeit besorgt. Ich sehe ihn ungläubig an. Cubela hat das Gefühl, er könnte einen Fehler gemacht haben und fügt schnell hinzu: »Natürlich nur, damit sie mich besser unter Kontrolle hatten.«

Seltsam, warum wird ein »CIA-Agent« und »Verräter« wie Cubela so fürsorglich behandelt? Ich stelle die Frage indirekt:

»Warum haben Sie für Ihren von der CIA geleiteten Versuch, Fidel im Jahr 1963 zusammen mit der CIA umzubringen, keine Strafe bekommen?«

»Sie konnten mir nichts beweisen. Und ich habe nichts zugegeben.«

Spätestes nach den Ermittlungen der Church-Kommission von 1975 über illegale Aktivitäten der CIA war doch bekannt, das sich hinter dem Superagent AM-LASH niemand anders als Rolando Cubela verbarg? Cubela bestätigt diese Information:

»Ich saß noch im Gefängnis, als der Church-Bericht veröffentlicht wurde. Fidels Vertrauter Abrantes tauchte in meiner Zelle auf, knallte den Church-Bericht auf den Tisch und sagte: ›Wenn wir wollen, können wir gegen dich einen neuen Prozess beginnen und dich sofort zum Tode verurteilen.‹«

»Warum hat die kubanische Regierung das nicht getan?«

Ein langes Schweigen ist die Antwort. Schließlich sagt Cubela lakonisch und traurig: »Ich weiß es nicht, frag Fidel.«

Er sieht erschrocken auf die Uhr. Zeit zu gehen. Er will mich wiedertreffen, wenn der Sommer und damit die große Hitze vorbei sind. Mit mir könne man reden, sagt er, weil ich etwas von Geschichte verstünde. Wenn er ein zweites Leben hätte, würde er Historiker werden. Alles andere sei der Mühe nicht wert. »Sieh dir an, was aus meinem armen Kuba geworden ist.«

Ich schaue ihm nach, wie er eilig die Straße hinunterstrebt. Die Kirchturmuhr schlägt acht. Er hätte schon zu Hause sein müssen. Seine Frau macht sonst Ärger. Gehört sie auch zum Team der kubanischen Staatssicherheit, das sich so fürsorglich um ihn kümmert? Wird er von unseren Gesprächen einem Kontaktoffizier Bericht erstatten? Eigenartige Gedanken schwirren mir durch den Kopf, als ich dem freundlichen und fragilen alten Herrn nachsehe, der mit 18 seinen ersten Mord begangen hat, der ein großer politischer Führer werden wollte und als ewiger

Kollaborateur in die Geschichtsbücher seines Landes eingehen wird. Was wird geschehen, wenn ich ihn beim nächsten Mal danach frage, wie seine Treffen mit Lee Harvey Oswald verlaufen sind?

Ärger mit Cubela

Das nächste Mal ist drei Monate später. Alles ist anders. Schluss mit dem freundlichen Geplauder über die schönen Tage der Revolution. Cubela ist aus irgendeinem Grund misstrauisch geworden und lässt sich verleugnen. Seine Frau teilt mir telefonisch mit, er sei nicht zu Hause und später am Tag würden sie für unbestimmte Zeit nach Asturien verreisen, um der Hitze des Spätsommers zu entfliehen. Zusammen mit dem Kameramann lege ich mich auf die Lauer. Heute ist vielleicht die letzte Chance, noch einmal an ihn heranzukommen.

Eine Stunde später erscheint Cubela auf der Straße, holt seinen Wagen und parkt ihn direkt vor dem Hochhaus. Offenbar plant er tatsächlich eine Reise. Was tun? Sollen wir ihm folgen, mit dem Risiko, ihn unterwegs zu verlieren? Ich entschließe mich, die Deckung zu verlassen und spreche ihn an. Er dreht sich um, kommt auf mich zu und sagt:

»Du schon wieder, heute nicht, es ist zu heiß, mir geht es nicht gut.«

»Aber Don Rolando, wir haben ein Dokument aus dem KGB-Archiv, das Sie betrifft und ich wollte es nicht veröffentlichen, ohne Sie zu fragen.«

Die Neugier siegt. Als er hört, dass der KGB über seine Treffen mit Lee Harvey Oswald eine Akte angelegt hat, bleibt er ruckartig stehen, so dass ich schon fürchte, dass er das Gleichgewicht verliert. Sein Gesicht wird weiß und hart. Sekunden vergehen, bis er in tönern klingendes Gelächter ausbricht: »Wer hat dir denn diesen Witz erzählt? Das höre ich heute zum ersten Mal.«

»Es steht in einem KGB-Dokument vom 1. Februar 1967. Und ein ehemaliger Offizier der G-2 hat es bestätigt: Sie haben Oswald für den kubanischen Geheimdienst angeworben.«

»Eine bösartige Verleumdung. Die wollen mich zum Sündenbock machen.« Jetzt verfällt der Comandante im Ruhestand in einen wehleidiges Tonfall: »Die suchen einen Vorwand, um mich umzubringen.« Dabei lässt er offen, wen er mit »die« meint. Dann reißt er mit einer pathetischen Handbewegung sein Hemd hoch und klopft sich auf den nackten Rücken: »Schau, ich trage keinen Revolver. Ich bin ein wehrloser alter Mann, nicht einmal einen Anwalt kann ich mir leisten, um mich gegen diese Lügen zu wehren.« Er bleibt stehen, schüttelt den Kopf und sagt: »Niemand wird das glauben, das ist eine üble Verleumdung.« Er bleibt stehen und schlägt mit den Handflächen verzweifelt gegen eine Mauer: »Wo soll ich Oswald getroffen haben und wann? Es passt nichts zusammen. Wir waren nie am gleichen Ort.«

»Wann waren Sie in Mexiko?«, hake ich nach.

»Nur einmal. Bei einem Treffen mit dem mexikanischen Studentenverband in Acapulco.«

»Wo waren Sie im November 1962?«

»Das weiß ich nicht mehr. Vielleicht war ja dieser Herr Oswald zur gleichen Zeit dort wie ich, möglicherweise sind wir uns sogar zufällig begegnet und man hat uns gesehen. Ach, Unsinn, das geht zu weit. Wenn ich ihn wirklich getroffen hätte, dann wäre ich schon tot.«

»Warum?«

»Sie hätten mich nicht leben lassen. Aber da Ihre Geschichte gelogen ist – nein, nein, ich will nichts mehr mit Ihnen zu tun haben. Ich soll jetzt zum Sündenbock gemacht werden, so wie damals Oswald. Die werden mich umbringen, wollen Sie das?«

Nein, das will ich nicht. Er tut mir fast schon leid. Diese Konfrontation ist ihm sichtlich an die Nieren gegangen. Für heute lassen wir ihn in Ruhe. Diesmal gibt es kein Glas Rosé, nicht einmal ein Schulterklopfen.

In Havanna konfrontiere ich auch den langjährigen Geheimdienstchef Fabian Escalante mit der Frage, wann Cubela enttarnt wurde und warum er für das Mordkomplott mit der CIA nicht an die Wand gestellt wurde, so wie es in Kuba in vergleichbaren Fällen üblich war? Wurde er am Leben gelassen, weil er die Seiten wechselte und seinen Patron Kennedy verriet? Der General wehrt heftig ab und sagt ohne mit der Wimper zu zucken: »Wir wussten nichts von Cubelas Plan und diesem Mordkomplott. Cubela war nicht irgendwer. Erst 1966 hatten wir die Beweise, dass er plante, Fidel während der Parade am 1. Mai 1966 zu erschießen. Wir haben ihn kurz vorher verhaftet. Für diese Tat ist er verurteilt worden – allerdings nicht zum Tode, weil Fidel sich für ihn einsetzte und die Strafe reduzierte.«

»Warum ist er nicht für die Planung des Mordanschlages gegen Fidel angeklagt worden, den er 1963 im Auftrag Robert Kennedys durchführen wollte?«

»Wir wussten nicht, dass Cubela sich hinter der Operation AM-LASH verbarg. Erst 1975 wurde uns das klar, als die Church-Kommission den Namen Cubelas im Zusammenhang mit AM-LASH veröffentlichte.«

»Sie hätten ihm doch auch dann noch den Prozess machen können?«

»Sicher, aber nach kubanischem Recht kann man nicht zweimal für die gleiche Tat verurteilt werden.«

»Es war doch, juristisch gesehen, eine andere Tat.«

»Aber sehr ähnlich.«

»Kam er mit dem Leben davon, weil er Doppelagent war und für Sie arbeitete, um Robert Kennedy auszuhorchen?«

Treuherzig sieht der General mir festen Blickes in die Augen und sagt: »Nein, das hätte ich wissen müssen, denn ich habe die Ermittlungen, die zu Cubelas Enttarnung führten, geleitet. Sie können ihn auch selbst fragen.«

»Das habe ich schon getan. Er sagt das Gleiche wie Sie.«

»Ha, ha, ha, wahrscheinlich, weil er Angst vor uns hat.« Bei dem kleinen Scherz des großen Generals läuft es mir kalt den Rücken hinunter.

Die juristischen Kapriolen General Escalantes überzeugen mich nicht so recht vom humanistischen Charakter des kubanischen Rechtssystems, sie bestärken eher den Verdacht, dass Cubela im Herbst 1963 tatsächlich ein Lockvogel des kubanischen Geheimdienstes war. Ein Agent provocateur, der Robert Kennedy aus der Reserve locken sollte. Cubela schafft das mit einer ungewöhnlichen Bitte, die er im Oktober 1963 an seinen CIA-Führungsoffizier richtet: Er müsse Robert Kennedy persönlich treffen, bevor er gegen Castro losschlagen könne. Er brauche Kennedys Ehrenwort, dass er ohne Wenn und Aber hinter dem Putsch gegen Castro stünde. Die Falle schnappt zu.

Cubelas Bitte um ein persönliches Treffen mit dem Präsidentenbruder löst in Washington Erwartungen, aber auch Ängste aus. Auch in der CIA fürchteten einige erfahrene Offiziere, dass Cubelas Vorstoß ein gefährlicher Schachzug in einem geheimdienstlichen Poker sein könnte. Aber Robert Kennedy lässt sich von Zweifeln nicht bremsen. Sam Halpern, der die Mordoperation gegen Castro organisierte, erinnert sich: »Robert Kennedy benutzte Cubela als sein Werkzeug. Das war sehr risikoreich und machte ihn und seinen Bruder verwundbar. Wir wussten das, aber wir hatten Befehle zu erfüllen und konnten uns in unseren kühnsten Träumen nicht vorstellen, zu Bobby zu gehen und zu sagen: ›Hey Bobby, das kannst du nicht machen, die Sache wird dir um die Ohren fliegen.‹«

Das klingt nach griechischer Tragödie: Der Lauf des Unheils ist deutlich zu erkennen, aber niemand kann es mehr aufhalten. Cubela ist als Auftragsmörder auf den Weg geschickt worden. Noch im gleichen Monat September wird auch sein Rekrut Oswald aufbrechen.

»Fidel braucht Verteidiger.
Ich werde mich seiner
Freiwilligenarmee anschließen«

LEE HARVEY OSWALD

7.
Lee Harvey Oswalds Reise nach Mexiko

Lee Harvey Oswald hatte sich entschlossen, nicht mit einem gekaperten Flugzeug nach Havanna zu fliegen, sondern den legalen Weg über Mexiko zu wählen. Von Mexico City aus, so teilte er seiner Frau Marina mit, werde er nach Havanna fliegen, Fidel brauche ihn. Sie selbst solle mit Tochter June in die Sowjetunion auswandern und auf Nachrichten von ihm warten. Vielleicht werde er nachkommen, vielleicht könnte er die Familie aber auch nach Kuba holen. Marina entschloss sich, erst einmal ein Angebot ihrer Freundin Ruth Paine anzunehmen und in deren Haus nach Fort Worth zu ziehen.

Am 23. September 1963 verließen die hochschwangere Marina mit Tochter June die Stadt im Auto von Ruth Paine. Beim Abschiedskuss, so Marinas Erinnerung, zitterten Oswalds Lippen. Er musste ein Weinen unterdrücken. Sein letzter an sie gerichteter Satz war eine Warnung: Niemand dürfe erfahren, dass er nach Kuba reise.

Es sollte alles ganz anders kommen. Die Reise nach Mexiko, die am 25. September am Busbahnhof von New Orleans begann, sollte nur eine Woche dauern. Danach würde Oswald in die USA zurückkehren. Mit einer Mission.

Seit zehn oder elf Monaten hatte er zu diesem Zeitpunkt nun schon Kontakt zum kubanischen Geheimdienst G-2. Deswegen stellt sich die Frage, ob die Reise nach Mexiko seine eigene Idee war, oder Folge eines Befehls aus Havanna. Vielleicht war sie Teil eines komplexen geheimdienstlichen Manövers, dessen Fäden von einem unsichtbaren Regisseur mit Sinn für geschichtliche Ironie gezogen wurden. Wollte der Regisseur die Gunst der Stunde nutzen und den eifrigen revolutionären Desperado aus New Orleans als Waffe im tödlichen Duell mit Kennedy einsetzen, oder wurde Oswald von ihm erst entdeckt, als er sich in der kubanischen Botschaft in Mexiko meldete? Diese Frage wird sich kaum noch beantworten lassen. Auf jeden Fall geriet Oswald auf dieser Reise in eines der großen Dramen des Kalten Krieges.

Kuba hatte ein Motiv, den Scharfschützen Oswald auf Kennedy anzusetzen und es gibt eine Reihe von Indizien dafür, dass es tatsächlich so geschah. Aber noch fehlen die Beweise. Die wenigen noch lebenden Zeugen halten sich bedeckt und das mexikanische Geheimdienstarchiv hat sich wieder verschlossen wie eine Auster.

Der Schlüssel zur Aufklärung des Verbrechens liegt in Mexiko. Das hatte Special Agent James Hosty mir schon bei der ersten Begegnung gesagt. Es wird nicht einfach sein, die Mauer aus Angst und Schweigen zu durchlöchern. Andererseits: Die Mitwisser sind jetzt alt genug, um zu reden. Was haben sie noch zu verlieren? Vielleicht ist es das Klügste, genau dort wieder anzufangen, wo die US-Ermittler 1963 aufhörten. Am Ursprung einer verschütteten Ermittlung.

Agenten des FBI und der CIA hatten 1963 versucht, Oswalds Bewegungsprofil in Mexiko zu erstellen, aber sie wurden nach wenigen Tagen von der politischen Führung in Washington zurückgepfiffen. Wer waren diese Ermittler, vielleicht finden wir einen von ihnen und kommen auf diese Art weiter? Doch die Ereignisse liegen lange zurück und es stellt sich heraus, dass die meisten Protagonisten tot sind, soweit wir ihre Identität überhaupt noch feststellen können.

Meine einzige Hoffnung ist Laurence Keenan, ein hochrangiger FBI-Offizier, der die mexikanischen Ermittlungen im Mordfall Kennedy im November 1963 leitete. Wenige Tage nach dem Mord an John F. Kennedy soll er nach Mexiko gereist sein. Das ist alles, was Agent Hosty über ihn weiß. Wie es Keenan in Mexiko erging, müssen wir selbst herausfinden.

FBI: Scheinermittlungen

Er wohnt mit seiner Frau in einem wunderschönen alten Holzhaus im grünen New Hampshire, eine Stunde Autofahrt nördlich von Boston. Der 81-jährige hochgewachsene, schlanke Mann ist voller Energie: Im nächsten Jahr will er auf dem Nachbargrundstück ein neues Haus bauen, schöner noch und größer als das alte. Keenan begrüßt mich im grauen Flanellanzug mit korrekt sitzender roter Krawatte. Unter den buschigen weißen Augenbrauen ein amüsierter Blick. Wie ein britischer Karrierediplomat aus einem Roman von Graham Greene wirkt er, zuvorkommend, mit feinem Ostküstenamerikanisch und einem Hang zur Selbstironie, der ihm hilft, die Niederlagen seiner Berufskarriere zu ertragen. Sein berufliches Waterloo erlebte er während der Ermittlungen zum Mordfall Kennedy: »Es waren die miserabelsten Ermittlungen in der Geschichte des FBI«, gesteht er freimütig ein und ergänzt: »Bis heute schäme ich mich dafür.« Kennedy sei für ihn ein »großartiger Politiker« gewesen. Diese Zuneigung wurde allerdings nicht von seinem Chef J. Edgar Hoover geteilt. Der habe Robert Kennedy am Nachmittag des 22. November 1963 angerufen und ihm ganz kühl und ohne das geringste Zeichen von Anteilnahme mitgeteilt: »Ihr Bruder ist tot.«

Kennedys Tod habe sein Leben und das aller an den Ermittlungen beteiligter FBI-Beamten von einem Tag auf den anderen

47 Laurence Keenan mit FBI-Direktor J. E. Hoover 1963

radikal verändert. Ich hatte mir das Gespräch mit Laurence Keenan schwieriger vorgestellt. Doch er wirkt geradezu erleichtert,
dass er sich den Frust von der Seele reden kann.

Schon wenige Stunden nach den Schüssen von Dallas habe
FBI-Direktor Hoover seinen engsten Mitarbeitern mitgeteilt, der
Mord sei das Werk eines psychisch kranken, kommunistischen
Einzeltäters mit Namen Lee Harvey Oswald. Es gebe keine Hin-
termänner, und vor allem habe Oswald zu keiner ausländischen
Macht Verbindungen gehabt. Der Fall sei praktisch gelöst. Kee-
nan beobachtet amüsiert mein ungläubiges Staunen: »Als wir
das hörten, waren wir genauso verblüfft. Wie ist das möglich?
Gegen Oswald war noch nicht einmal Anklage erhoben worden
und Hoover erklärte die Ermittlungen für de facto beendet. Ich
dachte, toller Laden, das FBI ist so effizient wie immer und das
Verbrechen in einem Minimum von Zeit aufgeklärt!«

Hoover, so viel erfuhr Laurence Keenan damals, gelangte zu
seiner kriminalistischen Eingebung, nachdem er mehrmals mit
dem neuen Präsideten Lyndon B. Johnson und mit Justizminister

48 Laurence Keenan 2005

Robert Kennedy telefoniert hatte. Die Verabredung zur Vertuschung sei auf »allerhöchster Ebene« getroffen worden.

Natürlich gingen die offiziellen Ermittlungen noch ein paar
Wochen lang weiter: Das FBI sammelte hunderte von Zeugenaussagen und kriminaltechnischen Beweisen, die Hoovers Diktum
bestätigten: Oswald ist ein Einzelgänger, kommunistisch und verrückt, aber ohne Beziehung zu kommunistischen Mächten. Ermittlungen, die das Motiv Oswalds oder mögliche Hintermänner
zu Tage gefördert hätten, wurden gar nicht erst betrieben.

Fast wäre die Einzeltäter-Theorie doch noch gescheitert: Der
US-Botschafter in Mexiko, Thomas Mann, bombardierte das
Außenministerium mit Telegrammen, in denen er eine sofortige
Sonderermittlung in Mexiko verlangte; der Attentäter Oswald
sei nach seinen Informationen möglicherweise ein Agent Castros.
Seine Befürchtungen wurden durch einen Zeugen noch größer,
der drei Tage nach dem Attentat in der Botschaft der USA in Me-
xico City auftauchte. Es war ein junger Mann, der mit eigenen
Augen gesehen haben wollte, dass Oswald von einem kubani-
schen Agenten Geld erhalten habe.

Botschafter Thomas Mann war ein angesehener und mächtiger US-Diplomat und Hoover konnte seinen Hilferuf nicht einfach ignorieren. Keenan erinnert sich: »Hoover hatte Angst, der Botschafter könnte Sherlock Holmes spielen und selbst Ermittlungen durchführen. Also schickte er mich nach Mexico City, um die Ermittlungen dort unten zu leiten und gleichzeitig den Botschafter zu beruhigen. Ich konnte Spanisch und hatte als FBI-Repräsentant an unserer Botschaft in Paris bereits diplomatische Erfahrungen. Während des Fluges nach Mexiko war ich beflügelt von dem Gedanken, ich könnte möglicherweise den Mord an unserem Präsidenten aufklären. Andererseits hatte ich noch die Worte des stellvertretenden FBI-Direktors Bill Sullivan im Ohr, der mir gesagt hatte, ich müsse dem Botschafter klar machen, dass Hoover bereits zu dem Schluss gekommen war: Oswald ist ein Einzeltäter und es ist nicht erwünscht, die Ermittlungen auszuweiten. Das waren zwei einander widersprechende Ziele. Erst nach der Landung wurde mir richtig klar, dass meine Mission Fassade war. Es sollte nur so aussehen, als ob wir ermittelten, in Wirklichkeit passierte gar nichts.«

Ofiziell war Keenan Leiter einer gemeinsamen Ermittlergruppe von FBI und CIA, aber kaum gelandet, wurde er schon kaltgestellt. Die CIA-Offiziere, die bei dem Erstgespräch im Büro von Botschafter Mann anwesend waren, wurden ihm nicht einmal namentlich vorgestellt. Vor allem einer nicht, von dem er später erfuhr, dass es sich um David Atlee Phillips gehandelt hatte, einem der wichtigsten CIA-Agenten aus der Abteilung *Verdeckte Operationen*. Nach Keenans Erinnerung wurden seine Ermittlungen systematisch sabotiert: »Die Kooperation war gleich null. Die CIA, aber auch der Repräsentant des FBI in Mexiko, Clark Anderson, hatten offenbar parallele Anweisungen aus Washington bekommen, die meinen Ermittlungsauftrag unmöglich machen sollten. Ich durfte nicht einmal die Zeugen befragen, von denen wir wussten, dass Oswald mit ihnen Kontakt gehabt hatte: Silvia Durán, die in der kubanischen Botschaft sein

Visum bearbeitet hatte und Gilberto Alvarado. Das war dieser junge Mann aus Nicaragua, der behauptete, Oswald habe in der kubanischen Botschaft Geld bekommen. Alvarados Aussage war der Auslöser meiner Reise nach Mexiko und nun durfte ich ihn nicht einmal befragen!

Bei meinem Antrittsbesuch nahm der Botschafter kein Blatt vor den Mund, seine Worte waren dramatisch und klar: Er wisse, dass Oswald Kontakte zum kubanischen Geheimdienst gehabt habe. Wörtlich sagte er: ›Innerhalb weniger Tage werden die Atomraketen fliegen.‹ Die Auffassungen der CIA-Beamten gingen in die gleiche Richtung: Sie waren überzeugt davon, dass die Russen mit der Sache nichts zu tun hatten, wohl aber die Kubaner.«

Botschafter Thomas Mann hoffte vergebens, Keenan werde Licht ins Dunkel bringen. Im Gegenteil. Statt zu ermitteln, bezog Laurence Keenan ein fensterloses Büro in den Räumen der Botschaft und las die Protokolle, die seine in Mexiko stationierten Kollegen angefertigt hatten. Darunter Vernehmungsprotokolle mit Reisenden, die im September im gleichen Bus gesessen hatten wie Oswald, als er nach Mexiko fuhr. Zwei jungen Frauen aus Österreich hatte Oswald erzählt, er sei schon einmal in Mexiko gewesen und er würde ihnen das Hotel *Cuba* empfehlen. Es sei sauber und preiswert. Auch dieser Hinweis wurde vom FBI nicht weiter verfolgt.

Nach drei Tagen Ermittlung in Mexiko war alles vorbei. Keenan wurde nach Washington zurückbeordert. Mission beendet. »Ich hätte genauso gut am ersten Abend zurückfliegen können«, so Keenan, »aber es sollte so aussehen, als ob ich wirklich ermittelt hätte. Botschafter Mann war entsetzt über die Art unserer Verbrechensaufklärung, aber er verstand, worum es ging und sagte tapfer: ›Ich akzeptiere die Erklärung des FBI, dass der Fall gelöst ist. Wenn der Präsident der USA und auch sein Justizminister Bobby Kennedy das akzeptieren, wer bin ich, um daran zu zweifeln?‹«

Warum er als Profi-Kriminalist nicht weitergemacht und sich stattdessen dem Druck der Politik gebeugt hat, will ich wissen. Diese Frage habe er sich in den letzten vierzig Jahren oft gestellt, räumt der alte Mann des FBI ein und gibt eine ehrliche Antwort: »Ich war zu feige, nur ein Soldat Hoovers. Eine Befehlsverweigerung wäre das Ende meiner FBI-Laufbahn gewesen. Hoover war ein Diktator. Nach meiner Rückkehr verfasste ich ein kurzes Memorandum und die Sache war erledigt. Meine Mission wurde als geheim eingestuft und fand nicht einmal Eingang in meine Personalakte.«

Andererseits müsse man auch den neuen Präsidenten Lyndon B. Johnson verstehen. Die Kuba-Krise, die die Menschheit an den Rand der atomaren Katastrophe geführt hatte, lag erst ein Jahr zurück und steckte der politischen Klasse der USA noch in den Knochen. Keenan setzt nach: »Hunderte von Atomraketen waren auf beiden Seiten abschussbereit. Hunderttausende Soldaten wurden in Alarmbereitschaft versetzt. Johnson handelte pragmatisch. Er hatte Angst, die Kontrolle zu verlieren, wenn eine Verstrickung Kubas in das Verbrechen bekannt würde. Mexiko war die Büchse der Pandora. Sie ist bis heute verschlossen und voller Geheimnisse, die nie aufgeklärt worden sind.«

Der damalige Botschafter Thomas Mann gab Jahre später in einem Interview selbst zu, dass er von Hoover gebeten worden war, die Ermittlungen in Mexico City einzustellen. Mehr noch, er habe den Befehl aus Washington erhalten, die mexikanische Regierung zu bitten, ihrerseits alle Ermittlungen zu stoppen. (60)

Spontan mache ich dem ehemaligen Supervisor des FBI einen Vorschlag: Wir könnten doch zusammen nach Mexiko fliegen, um nach den verlorenen Spuren zu suchen? Vielleicht wird das Bild dann klarer? Noch einmal nach Mexiko reisen? Laurence Keenan sieht belustigt aus: »In meinem Alter – aber warum eigentlich nicht, noch einmal nach Mexiko. Ich denke darüber nach!« Damit hatte ich nicht ernsthaft gerechnet. Denn seine erste Reise nach Mexiko, die am 27. November 1963 begann, steckt ihm noch in den Knochen. Trotzdem ist er nach einigen Wochen Bedenkzeit bereit, sich auf ein neues Rechercheabenteuer einzulassen. Diesmal ohne Hoover im Nacken.

Die Büchse der Pandora

Kaum in Mexico City gelandet, möchte Laurence Keenan das Hotel *Comercio* besuchen. Das Zimmer Nummer 18 übt eine magische Anziehungskraft auf ihn aus. Nachdem er sich die engen Treppen in den dritten Stock hochgequält hat, steht er wie vom Donner gerührt im abgewetzten Zimmer Oswalds und stöhnt: »Nicht gerade das Hilton, aber hübsch.« Er zupft das schief liegende Kopfkissen in Oswalds Bett zurecht und legt sich dann der Länge nach hinein, um ein paar Minuten über seine gescheiterten Ermittlungen zu meditieren. »Wir befragten

49 Laurence Keenan in Oswalds Hotelzimmer im Hotel *Comercio* in Mexico City

damals die Angestellten des Hotels, aber sie hatten so gut wie nichts über Oswald zu erzählen. Was er sonst in der Stadt gemacht hat, wissen wir nicht. Seine Tage hier sind ein schwarzes Loch.«

Am nächsten Morgen ist Keenan Feuer und Flamme, als sich die Möglichkeit abzeichnet, dass wir im mexikanischen *General-archiv der Nation* Akten zum Fall Lee Harvey Oswald einsehen können. Noch nie zuvor war es möglich, einen Blick in diese Akten aus dem Bestand des mexikanischen Geheimdienstes zu werfen. Vielleicht ist auch etwas über Gilberto Alvarado Ugarte dabei, jenen jungen Nicaraguaner, der im November 1963 Keenans Ermittlungsreise nach Mexiko auslöste.

Alvarado, ein 23 Jahre alter Jungkommunist, hatte sich am 25. November 1963, drei Tage nach der Ermordung Kennedys, bei der amerikanischen Botschaft in Mexico City gemeldet, um eine sensationelle Zeugenaussage zu machen: Er habe Lee Harvey Oswald im September in der Botschaft Kubas gesehen und zufällig beobachtet, dass ihm ein kubanischer Funktionär Geld in die Hand zählte – 6500 Dollar. Der Kubaner sei ein schlanker, großgewachsener Schwarzer mit rötlichen Haaren gewesen.

Alvarado sagte aus, er habe in der kubanischen Botschaft auf falsche mexikanische Papiere gewartet, mit denen er nach Kuba geschleust werden sollte, wo er eine Guerillaausbildung erhalten sollte. Auf die Frage der amerikanischen Botschaftsbeamten, was das Motiv für seine Aussage sei, antwortete Alvarado, er sei in Wirklichkeit kein überzeugter Kommunist, sondern ein Informant des nicaraguanischen Militärgeheimdienstes, der ihn beauftragt habe, sich in die castristische Guerillaorganisation einzuschleichen, um Informationen aus Kuba zu liefern.

Irritiert waren Alvarados amerikanische Vernehmer allerdings von der Datumsangabe: Er wollte Lee Harvey Oswald am 18. September in der kubanischen Botschaft beobachtet haben. Das konnte nicht stimmen, denn zu diesem Zeitpunkt war Oswald noch in New Orleans. Beweist die falsche Datumsangabe, dass Alvarado nicht glaubwürdig ist? Nicht unbedingt, denn in Mittelamerika sind Zahlen und Termine für viele Menschen Schall und Rauch, bedeutungslose Zutaten der Erinnerung. Der Irrtum deutet eher darauf hin, dass Alvarado glaubwürdig ist. Denn wenn er, wie einige Verschwörungstheoretiker vermuten, ein williges Werkzeug der CIA gewesen wäre, die mit Hilfe seiner Aussage eine falsche Spur nach Kuba legen wollte, dann hätten ihm seine Führungsoffiziere der CIA mit Sicherheit das richtige Datum von Oswalds Besuch in der kubanischen Botschaft mit auf den Weg gegeben. Um seine Glaubwürdigkeit zu testen, legten ihm FBI-Beamte der US-Botschaft Fotos von kubanischen Botschaftsbeamten vor: Er war ohne Probleme in der Lage, 17 Personen einwandfrei zu identifizieren.

Alvarados Bericht war trotz der Zweifel an seiner Glaubwürdigkeit so alarmierend, dass sich FBI-Supervisor Keenan entschloss, ihm persönlich auf den Zahn zu fühlen: »Als ich verlangte, dass er mir vorgeführt würde, teilte mir unser FBI-Repräsentant in Mexiko, Clark Anderson, mit, das sei leider nicht möglich; die mexikanische Geheimpolizei habe ihn verhaftet und er sei nicht mehr verfügbar.«

Das war schlicht gelogen. Anhand der CIA-Dokumente, die wir im Nationalarchiv in Washington gefunden haben, können wir Keenan beweisen, dass die CIA den Zeugen Alvarado erst nach seiner Landung in Mexico City an die mexikanische Geheimpolizei übergeben hat, genauer gesagt am 28. November 1963 um 16.30. Keenan war schon am Abend zuvor gelandet. Laut einem geheimen CIA-Bericht geschah die Auslieferung des Zeugen Alvarado an die mexikanische Geheimpolizei sogar »aufgrund einer Bitte des FBI«. (61)

Keenans eigene Bosse stifteten die CIA dazu an, den Zeugen Alvarado aus dem Weg zu schaffen, um Keenan nicht in die Versuchung zu bringen, ihn zu vernehmen. Intuitiv, so Keenan, sei ihm schon damals klargewesen, dass er ein schmutziges Spiel mitspielte: »J. Edgar Hoover hat mich benutzt, damit es so aussieht, als hätte das FBI in Mexiko ermittelt. Tatsächlich wollte das FBI nicht hören, was Gilberto Alvarado zu sagen hatte, aus Angst vor der Wahrheit.«

Was wurde aus dem Zeugen Alvarado, nachdem die mexikanische Geheimpolizei ihn abgeholt hatte? Keenan antwortet ausweichend: »Ich weiß es nicht, aber Botschafter Thomas Mann deutete mir gegenüber an, dass er von den Mexikanern unter Druck gesetzt worden ist. Er wurde später in sein Heimatland Nicaragua deportiert.«

Wir versuchen, Alvarado zu finden und als Zeugen zu befragen. Gabriella Spierer, eine Kollegin argentinischer Herkunft, macht sich auf den Weg, um ihn zu suchen. Sollte er den Bürgerkrieg und die sandinistische Revolution in Nicaragua überlebt haben, dann könnte der 1940 geborene Mann heute noch leben. Die Spur führt von seinem Geburtsort Ciudad Rama in die Hauptstadt Managua, wo Gabriella als einzige Mitglieder seiner Familie einen Neffen und eine Nichte findet. Sie berichten, ihr Onkel Gilberto sei vor »ungefähr« sechs Jahren gestorben. Die Verwandten wissen wenig über seine Geschichte, denn er pflegte kaum Kontakt mit seiner Familie. Er sei ein sehr »geheimnisvoller« Mann gewesen. Nach der sandinistischen Revolution von 1979 wurde er Chef der sandinistischen Staatssicherheit im Nord-Osten des Landes, später sei er aber aus unbekannten Gründen verhaftet worden und habe ein paar Jahre im Gefängnis verbracht. Manchmal kommt man als Rechercheur einfach zu spät.

Blutgeld für Oswald

Der Zeuge Gilberto Alvarado ist tot – bleibt als letzte Hoffnung die Karteikarte mit seinem Namen im mexikanischen Generalarchiv, die darauf hindeutet, dass es irgendwo in diesen gigantischen Papiermassen eine Spur von ihm gibt.

Der ehemalige Chefermittler des FBI ist aufgeregt wie ein junger Polizeischüler, als wir das Generalarchiv mit seinen trutzigen Backsteinmauern betreten. Keenan hat vorausgesagt, wir würden hier »nicht willkommen« sein. Er soll Recht behalten. Denn obwohl wir eine Drehgenehmigung für das Archiv aus der Tasche ziehen, beginnt der Besuch mit einem Spießrutenlauf. Schwarze Sheriffs mit Holzknüppeln im Gürtel durchwühlen unsere Filmausrüstung. Damit nicht genug: Die Verwaltung verlangt als Nächstes eine genaue Stückliste, auf der jede Kameralinse und jedes Kabel einzeln verzeichnet sein muss. Die Kontrollen sind schärfer als im Weißen Haus oder im Kreml. Reine Schikane.

Als wir dann nach zwei Stunden endlich im Gebäude sind, teilt uns die Verwaltung mit, dass wir in der Galerie I Drehverbot hätten, aus »Sicherheitsgründen«. Der Pappkarton mit den begehrten Unterlagen wird in eine andere Galerie im zivilen Bereich des Generalarchivs geschleppt, wo wir unsere Kamera dann aufbauen dürfen. Vicente Capello, seines Zeichens seit fast 50 Jahren Chef des Geheimdienstarchives, hat die Akten vorsortiert und lässt uns eine Auswahl auf den Tisch stellen. Das meiste

50 Laurence Keenan,
Mauricio Laguna Bérber
und Wilfried Huismann im
Geheimdienstarchiv Mexikos

51 Gilberto Alvarado, Polizeifoto von 1963

ist wertlos: Zeitungsausschnitte von 1963 und belanglose Observationsberichte. Immerhin: Ein paar Seiten zum Fall Gilberto Alvarado Ugarte sind tatsächlich dabei.

Laurence Keenan, der die spanische Sprache immer noch gut beherrscht, beugt sich über die vergilbten Berichte der Geheimpolizei und stößt auf Informationen, die er im November 1963 auch schon gern gehabt hätte. Wir entdecken einen kurzen Rapport von wenigen Zeilen mit Datum vom 28. November 1963: Der nicaraguanische Kommunist Alvarado Ugarte behaupte, Oswald habe in der kubanischen Botschaft 6500 Dollar erhalten und Silvia Durán sei bei der Geldübergabe zugegen gewesen. Die Meldung endet mit einer Empfehlung, was mit dem Zeugen Alvarado zu geschehen habe: »Seine Verhaftung ist einzuleiten.«

Als Nächstes fischen wir aus dem Karton sechs Seiten Vernehmungsprotokoll. Interessant sind einige Details, die Gilberto Alvarado Ugarte über Oswald zu berichten hatte. Im Protokoll heißt es: »Das Alter des Nordamerikaners kalkulierte er auf ungefähr 26 Jahre. Ugarte sagte ferner aus, dass er durch das Fenster einen Mietwagen beobachten konnte. Zwei Personen seien ausgestiegen: Ein Schwarzer, großgewachsen, ca. 1,82, von schlanker, aber kräftiger Gestalt, mit hervorstehenden Backenknochen, kräftigen Lippen und rötlichen Haaren, bekleidet mit einem kaffeefarbenen Anzug; und ein Weißer, ca. zwanzig Jahre alt, blond, der ausgesehen habe wie ein Existentialist. Als diese beiden Individuen eintraten, sei der Nordamerikaner aufgestanden, habe beide mit einer Umarmung begrüßt und mit ihnen das Büro des Konsuls betreten.

Ca. 15 Minuten später, als sich Ugarte auf der Treppe zu den Toiletten aufhielt, habe er einen Mitarbeiter der Botschaft gesehen, der dem rothaarigen Schwarzen ein Päckchen übergab, das offensichtlich Geld enthielt. Als er von der Toilette zurückkehrte, habe er (Ugarte) eine hitzige Auseinandersetzung zwischen dem Schwarzen und dem Nordamerikaner beobachtet. Er habe erkennen können, dass der Schwarze Geld abzählte, das er danach dem Nordamerikaner übergab. Dabei habe er gesagt: ›Sechstausendfünfhundert Dollar.‹ Der Befragte (Ugarte) habe sich in den Toilettenraum zurückgezogen und dabei gehört, wie der Nordamerikaner dem Schwarzen sagte: ›Ich kann es tun, ich kann ihn töten.‹

Ugarte sagte außerdem, dass er nach dem Tod des amerikanischen Präsidenten in der Zeitung das Foto des Mörders gesehen und in ihm den Nordamerikaner wiedererkannt habe, den er im kubanischen Konsulat beobachtet hatte.«

Auf der letzten Seite des Protokolls erwartet uns eine vollkommen absurde Überraschung: Ohne erkennbaren Grund und wie aus heiterem Himmel widerruft Gilberto Alvarado seine gerade gemachte Aussage: »Gilberto Alvarado Ugarte möchte spontan aussagen, dass der Nordamerikaner, den er im kubanischen Konsulat gesehen habe, lediglich eine gewisse Ähnlichkeit (zu etwa 60 Prozent) mit Lee Harvey Oswald gehabt habe, dem Mörder des Präsidenten der USA. Die Geschichte mit der Geldübergabe an Oswald habe er sich ausgedacht, weil er die Vereinigten Staaten zu einer Strafaktion gegen die Regierung Fidel Castro provozieren wolle. Das Motiv für seine Falschaussage sei ›ein tiefer Hass gegen den Kommunismus‹ gewesen.«

Laurence Keenan ist erschüttert, nachdem er das Dokument gelesen hat: »Zur gleichen Zeit, als sie Alvarado in der Mangel hatten, saß ich untätig in der Botschaft herum. Offensichtlich haben sie ihn gefoltert, damit er seine Aussage widerruft.«

»Vermuten Sie das, weil seine Aussage widerrufen hat?«

»Nein, Botschafter Thomas Mann hat es mir erzählt.«

Nach zwei Tagen in den Händen der mexikanischen Geheimdienstoffiziere widerruft Alvarado seine Zeugenaussage, genauer gesagt, am 30. November um 12.30 Uhr. Zwei Stunden später schickt die CIA-Station in Mexiko ein Telegramm mit der Erfolgsmeldung ans Weiße Haus und an das FBI: »Gilberto Alvarado hat mexikanischen Sicherheitsbeamten gegenüber schriftlich zugegeben, dass seine Aussage, wonach er gesehen habe, dass Oswald in der kubanischen Botschaft in Mexico City Geld erhielt, um Präsident Kennedy zu ermorden, falsch sei. Er gab zu, dass er Oswald überhaupt nicht gesehen habe.« (62)

Kaum den Fängen des mexikanischen Geheimdienstes DFS entkommen und wieder auf freiem Fuß, macht Alvarado einen schweren Fehler und erzählt im Freundeskreis, er habe seine Aussage nur aus Angst vor Misshandlungen widerrufen. In Wirklichkeit sei er sich ganz sicher, dass Lee Harvey Oswald in der kubanischen Botschaft gewesen ist und dort Geld bekommen hat.

Die CIA und andere Lügen

Die Folge von Alvarados Starrsinn: Jetzt nimmt sich die CIA des Problems an und inszeniert seine endgültige Demontage. Am 5. und 6. Dezember wird Alvarado von CIA-Offizieren zu einer Befragung mit dem Lügendetektor gezwungen. Das Ergebnisprotokoll ist eindeutig: Alavardo hat den Attentäter Lee Harvey Oswald vermutlich nie gesehen. Die CIA schickt den Bericht mit einem Zusatz an den stellvertretenden FBI-Chef Sullivan: »Er (Alvarado) ergänzte, wenn der Lügendetektor aussage, er lüge, dann müsse es wohl so sein.« (63) Wie kam dieses Protokoll zustande? Wer hat es unterschrieben? Wir lassen uns im Nationalarchiv der USA eine Kopie des Originals machen und sehen: Es erscheint kein Name eines Verantwortlichen, auch der Name des Operators, der den Detektor bediente, ist auf dem Dokument nicht zu finden. Die einzige Namensnennung ist die des Übersetzers: Clark Anderson, FBI-Vertreter an der Botschaft der USA in Mexiko. Unterschrieben hat das Protokoll des Lügentests niemand. Damit ist es juristisch als nicht existent zu betrachten. Offenbar hat sich niemand gefunden, der die Verantwortung dafür übernehmen wollte. Ich frage Laurence Keenan, wie dieser Lügentest zustande kam. Als damaliger Leiter der gemeinsamen Ermittlungen von CIA und FBI in Mexiko müsste er es wissen. Doch Keenan ist verblüfft: »Ein Test mit dem Lügendetektor? Unsinn. Davon habe ich noch nie etwas gehört.«

Der Lügentest ist offenbar eine Fabrikation der CIA, um Alvarados Zeugenaussage endgültig aus der Welt zu schaffen. Kein Gericht auf dieser Welt würde ein so zweifelhaftes Dokument als Beweismittel zulassen. Seltsam, dass sämtliche Verschwörungstheoretiker unter den Kennedy-Forschern ausgerechnet dieses CIA-Produkt als »Beweis« dafür zitieren, dass Gilberto Alvarado Ugarte ein Lügner gewesen sei. Dieser naive Glaube an den Wert eines CIA-Dokumentes ist umso paradoxer, weil die gleichen Autoren glauben, dass alle Kontakte, die Oswald mit Kubanern in New Orleans und Mexiko hatte, eine »Fabrikation« der CIA seien, um Fidel Castro den Mord an Kennedy in die Schuhe zu schieben.

Hat die CIA den Zeugen Alvarado nach eigenem Gutdünken demontiert? Laurence Keenan vermutet, dass die Ursache für das Drama Alvarados in Washington zu suchen ist: »Genauso wie ich befolgte die CIA in Mexiko Anweisungen aus Washington. Win Scott, der Stationschef der CIA handelte dabei im Widerspruch zu seiner Überzeugung und mit großem Widerwillen. Er war einer der brillantesten CIA-Offiziere, die ich kennen gelernt habe. Aber was sollte er tun? Er wurde gezwungen, die Spuren zu verwischen. Dazu gehören die abgehörten Telefongespräche Oswalds mit der kubanischen Botschaft, oder die Fotos, die die CIA von ihm machte, als er die kubanische Botschaft betrat und wieder verließ. Jeder, der dort hineinging, wurde von einem gegenüberliegenden Gebäude aus fotographiert. Nur an den Tagen, an denen Oswald in Mexiko war, funktionierte die Kamera angeblich nicht.

Win Scott litt sehr darunter, dass mögliche Beweismittel verschwanden. Er ging 1969 in den Ruhestand und begann, seine Memoiren zu schreiben. Er wurde damit nie fertig, denn am 26. April 1971 fand seine Frau ihn tot am Frühstückstisch, offensichtlich hatte er einen Herzinfarkt gehabt. Innerhalb weniger Stunden war Jim Angleton, Chef der Spionageabwehr der CIA, zur Stelle und räumte gegen den Protest der Witwe Win Scotts Safe leer. Darin waren Unterlagen über Oswald in Mexiko und auch das Überwachungsfoto, das vn Oswald in Mexico City gemacht wurde.«

Laurence Keenan hat mir die Augen geöffnet, warum und wie Oswalds sechs Tage in Mexiko von der US-Regierung zu einer Art Staatsgeheimnis gemacht wurden. Leider muss er nach einer Woche gemeinsamer Recherchen in Mexico City zurück nach New Hampshire. Seine Frau ist krank und er will sie nicht länger allein lassen. Am letzten gemeinsamen Abend an der Hotelbar gönnt er sich den ersten Scotch auf dieser aufregenden Reise. Gemeinsam sind wir sind ein gutes Stück weitergekommen.

Doch Keenan hat an diesem Abend noch eine saftige Überraschung parat. Ohne Vorwarnung outet er sich als Verschwörungstheoretiker. Im Grunde seines Herzens sei er davon überzeugt, dass dunkle und mächtige Kräfte in Washington Kennedy mit einer Art Staatsstreich umgebracht hätten. Dabei räumt er ein, dass sein Glaube an eine innenpolitische Verschwörung auf dieser gemeinsamen Recherchenreise einen gewissen Dämpfer bekommen hat: »Alle Indizien deuten auf eine kubanische Verwicklung hin. Aber ich glaube trotzdem nicht, dass Fidel dahintersteckt. Möglicherweise sind alle Spuren, die nach Kuba führen, von der CIA gelegt worden, um Castro den Mord in die Schuhe zu schieben. Die Verschwörung geht viel weiter, als wir uns das vorstellen können.«

Ungläubig starre ich Keenan an. Hat er nicht eben selbst gesagt, wie schockiert selbst CIA-Stationschef Win Scott über die Vertuschung der Kuba-Connection war? Dafür, so Keenan, gebe es eine einfache Erklärung: »Win Scott war der offizielle Vertreter der CIA. Aber dann gab es noch eine CIA in der CIA, die Abteilung für klandestine Operationen, die hier in Mexiko von David Atlee Phillips geführt wurde. Nicht einmal Win Scott wusste, was der trieb. Ich kann mir vorstellen, dass der Zeuge Gilberto Alvarado sein Geschöpf war und eingesetzt wurde, um Kuba anzuschwärzen. Win Scott hat davon keine Ahnung gehabt.«

Ich spüre, wie ich für einen Moment den Boden unter den Füßen verliere. In was für einem Labyrinth sind wir gelandet, wenn selbst ein gestandener Vertreter des FBI-Establishments dem Sog der Verschwörungstheorie nicht widerstehen kann?

Die CIA als unsichtbare, allmächtige und bösartige Krake, die die Geschicke der Welt lenkt! Zumindest kann Laurence Keenan Glauben und Wissen gut voneinander trennen. Er hat uns nichts von dem verschwiegen, was er als Zeitzeuge am eigenen

Leib in Mexico City erlebt hat, trotz seines Glaubens an die Existenz eines »Staatsstreichs« gegen Präsident Kennedy. Wir verabschieden uns von einem liebenswerten und aufrechten Mitreisenden. Good luck, Larry.

»Pelirojo«, Agent der G-2

Keenan geht, der geheimnisvolle Rothaarige bleibt. Wer ist dieser kubanische Agent, den der Zeuge Alvarado aus Nicaragua mit Lee Harvey Oswald zusammen gesehen haben will? Ein der Phantasie Alvarados entsprungenes Phantom, oder gar der Geist aus der Flasche der allmächtigen CIA-Abteilung für geheime Operationen? Nichts von beiden, denn in den Wochen nach Keenans Abreise stoßen wir in den Verliesen des mexikanischen Geheimdienstarchives mit seinen unordentlich gefüllten Pappkartons noch einmal auf seine Spur – und finden andere Zeugen, die ihn gesehen haben.

Vicente Capello, der Zerberus des Archivs, macht in diesen Tagen einen großen Bogen um uns, sobald wir uns in der Nähe seiner Galerie I blicken lassen. Doch mein Kollege Mauricio Laguna Bérber hat ein dickes Fell. Jeden Tag fährt er von seiner Wohnung im Stadtteil Xochimilco zwei Stunden lang durch das Verkehrschaos, um Capello mit einer neuen Petition auf die Nerven zu gehen.

Auf einer Karteikarte des Archivs hat Mauricio den Hinweis auf einen brisanten Brief vom Dezember 1963 entdeckt. Ein Schreiben des Präsidentenamtes an den mexikanischen Geheimdienstchef mit dem Befehl, alle Ermittlungen im Fall Lee Harvey Oswald sofort einzustellen. Der neue amerikanische Präsident Johnson habe darum gebeten. Unterschrieben ist dieser Brandbrief laut Karteikarte von Diaz Ordaz, dem späteren Präsidenten Mexikos, der schon 1963 ein persönlicher Freund Lyndon B. Johnsons war. Wo ist sein Originalbrief an den Geheimdienst-

52 Vicente Capello und Wilfried Huismann

chef? Capello zuckt müde mit den Schultern und sagt: »Wenn er hier ist, werden wir ihn auch finden.« Nach zwei Tagen Suche das Ergebnis: Der Brief ist nicht da. Wir bestehen darauf: Wenn es eine Karteikarte gibt, dann muss auch das Dokument existieren, auf das sie verweist. »Welche Karteikarte?«, fragt Capello kühl zurück. In der Tat, inzwischen ist auch die Karteikarte nicht mehr da. Wie vom Erdboden verschluckt.

Nachdem wir uns bei der Aufsichtsbehörde, dem *Bundesamt für das Recht auf Zugang zu Informationen (IFAI)* beschwert haben, entschließt Capello sich zum Entsetzen seiner Wachen zu einer dramatischen Geste, um seine Ehre als Offizier reinzuwaschen. Er bittet uns hinter die Besucherbarriere in sein Allerheiligstes. Aus seinem Schreibtisch zaubert er seine prall gefüllte Handakte »Angelegenheit Lee Harvey Oswald« hervor und drückt sie uns in die Hand: »Seht selbst nach, es gibt diesen verdammten Brief nicht.« Fast eine Minute lang dürfen wir den Schuber voller Originaldokumente durchwühlen, bevor Capello seinen Anfall von Großmut bereut und uns den Schatz wieder abnimmt. Genügend Zeit, um unsere Begehrlichkeit zu wecken: Wir sehen dutzende von Dokumenten und ein Haufen Fotos, darunter von Silvia Durán in der Haft und Fotos von Kubanern. Wer sind sie? Capello weicht aus: »Ich weiß es nicht.« Hastig verschließt er den Karton.

Wochen später kann Mauricio ihn noch einmal dazu überreden, seine Schatztruhe zu öffnen. Capello will schließlich nicht als Finsterling in die Geschichte eingehen, der die dunklen Geheimnisse der alten politischen Elite Mexikos auf immer begraben will.

Bei der zweiten Sichtung der Handakte kann Mauricio einen längeren Blick auf eines der Fotos werfen: Das Porträt eines schlanken Kubaners, dunkelhäutig und mit krausen Haaren. Die Haarfarbe ist nicht zu erkennen, denn das Foto ist schwarz-weiß. Aber unten am Rand trägt es den Vermerk: »Pelirojo, Agent der G-2«. Er ist es: der Rothaarige!

Es gibt also sogar ein Foto von ihm. Wir wollen unbedingt eine Kopie in die Hand kriegen, um es anderen Zeugen zur Identifizierung vorzulegen. Capello sieht »kein Problem« darin. Leider könne er das nicht alleine entscheiden. Wir müssen zuerst eine neue Petition einreichen. Das Spiel kennen wir schon. Es wird Wochen dauern, in denen unser Antrag geduldig seine Kreise durch die Bürokratie ziehen wird. Aber was bleibt uns anderes übrig? *Paciencia.* Zuspruch erhalten wir vom *Bundesamt für das Recht auf Zugang zu Informationen.* Dort macht man uns Hoffnung, bald an das begehrte Foto und auch an andere Dokumente aus Capellos Handakte heranzukommen.

Doch wir haben uns zu früh gefreut. Nach einigen Wochen des Wartens teilt uns die Direktorin des Generalarchivs, Dulce María Liahut feierlich mit, aus »Datenschutzgründen« könne sie uns das Foto nicht aushändigen. Ich flehe sie an: »Es ist für die Aufklärung des Mordes an John F. Kennedy von Bedeutung.« Nachsichtig, aber unerschütterlich lächelt die ganz in Weiß gekleidete Dame zurück: »Das mag sein, wir haben viele Dokumente in unserem Archiv, mit denen man eine Menge Morde aufklären könnte, aber ich muss mich an die Bestimmungen halten.«

Was mögen das für eigenartige Bestimmungen sein? »Auf den Fotos sind Menschen zu erkennen. Die genießen ein Recht auf persönlichen Datenschutz. Ich weiß nicht, wie das in Ihrem Land ist, aber in Mexiko hat der Schutz persönlicher Daten einen sehr hohen Stellenwert. Egal, ob es sich dabei um Lebende oder Tote handelt.« Sie beobachtet neugierig, welchen Effekt diese Belehrung in Sachen Rechtsstaatlichkeit auf den europäischen Besucher hat. Der gibt immer noch nicht auf und wendet ein: »Frau Direktorin, wir haben auch andere Dokumente mit sehr persönlichen Daten enthalten, zum Beispiel ein Dokument zur Vernehmung von Silvia Durán.«

Da verdreht sie vor Empörung die Augen: »Ihre Worte klingen nach Konfrontation. Wollen Sie sich jetzt beschweren, dass Sie überhaupt Akteneinsicht bekommen haben?«

53 Dulce María Liahut, Archivdirektorin

»Nein, um Gottes willen, aber warum ging vor ein paar Tagen, was heute nicht mehr möglich sein soll?«

»Vielleicht haben Sie sich die anderen Dokumente illegal beschafft!«

»Aber nein«, stottere ich, wie auf frischer Tat ertappt, »wir haben sie doch von Herrn Capello erhalten.«

»Herr Capello untersteht nicht der zivilen Leitung des Generalarchivs der Nation. Er ist nur der Institution zu Gehorsam verpflichtet, der er entstammt.« Und fügt mit süßlichem Lächeln hinzu: »Wenn es nach mir ginge, könnten Sie alles haben, was es hier über Lee Harvey Oswald gibt. Den roten Faden werden Sie sowieso nicht finden. Ich würde Ihnen alles geben, alles,« – dabei breitet sie pathetisch ihre kräftigen Arme aus – »aber ich kann nicht, weil ich die Regeln zu befolgen habe. Sie werden auch noch lernen, die Regeln zu respektieren.«

Nachdem die Mikrofone abgeschaltet sind, demonstriert die Direktorin, dass sie eigentlich doch ein gutes Herz hat und spendet Trost: »Nehmen Sie sich das nicht allzu sehr zu Herzen. Es gibt zwar Regeln, aber jede Regel hat Ausnahmen. Warum schreiben Sie nicht einfach eine neue Petition?«

Auch Vicente Capello ist kein Unmensch. In einer lauschigen Ecke des Archivs und unter vier Augen gesteht er, was er schon im Herbst 1963, als aktiver Geheimdienstoffizier, erfuhr: »Oswald wurde in Mexiko von G-2-Offizieren aus Kuba geführt.« Mit verschwörerischer Mine rät er mir jedoch, ihn nicht mehr wegen dieses Fotos des Rothaarigen zu behelligen – es existiere nämlich gar nicht – eine reine Einbildung meines Partners und Kollegen Mauricio Laguna Bérber. Der habe schon häufiger »Halluzinationen« gehabt. Capellos Archiv wird unter den Rechercheuren Mexikos auch »Friedhof der Papiere« genannt. Jetzt weiß ich, warum.

Wer war dieser rothaarige Schwarze, der möglicherweise eine Art Führungsoffizier Oswalds war? Es wird noch ein ganzes Jahr intensiver Recherche brauchen, bis wir wieder auf seine Spur stoßen.

Handschlag auf dem Parkdeck

Nach monatelangen Kontaktversuchen gelingt es uns, einen ehemaligen Offizier des kubanischen Geheimdienstes aufzuspüren, der zum Zeitpunkt des Geschehens an der kubanischen Botschaft in Mexiko arbeitete: »Antonio«. Möglicherweise ein wichtiger Augenzeuge. Antonio begann 1960 als 18-Jähriger eine Karriere im kubanischen Geheimdienst und wurde nach Mexiko geschickt, um dort in der kubanischen Botschaft Sicherheitsaufgaben zu übernehmen. Sein Job war es, das Botschaftsgelände gegen feindliche Lauschangriffe abzuschirmen, verdächtige Personen zu kontrollieren und zu fotografieren.

Heute betreibt er ein kleines Taxiunternehmen in Mexico City. Dreimal hat er ein Treffen abgesagt. Er ist misstrauisch und will mit der Vergangenheit nichts mehr zu tun haben. Nach zehn Tagen Verhandlungen per Telefon erscheint er schließlich am vereinbarten Treffpunkt, einem belebten Straßencafé in Mexico City. Ein kleiner, fülliger und sehr nervöser Mann. Unruhig

54 Kubanische Botschaft in Mexico City 1963

rutscht er auf dem Stuhl hin und her, jederzeit bereit zur Flucht: »Ich habe ganz einfach Angst. Meine Vergangenheit als G-2-Offizier habe ich erfolgreich aus meinem Leben verdrängt, selbst den kubanischen Akzent habe ich abgelegt – und jetzt kommen Sie und fragen mich nach Oswald.«

Er möchte nicht gefilmt werden. Das Thema Oswald sei zu »delikat«, auch Jahrzehnte später noch. Nur ein Gespräch unter vier Augen sei denkbar. Ich mache ihm klar, warum ich das Original seiner Aussage bei diesem geschichtsträchtigen Thema dokumentieren möchte. Am Ende willigt er ein, aber nur unter folgenden Bedingungen: Sein Gesicht darf auf den Filmaufnahmen nicht zu erkennen sein und wir müssen seinen richtigen Namen geheim halten.

Er forscht in meinen Augen, immer noch eine Falle des kubanischen Geheimdienstes vermutend. Das ehemalige Botschaftsgebäude liegt ganz in der Nähe, aber als ich ihm eine Ortsbegehung vorschlage, winkt Antonio entsetzt ab. Seit zwanzig Jahren, seit seinem Ausscheiden aus dem Dienst, sei er nie wieder auch nur in der Nähe des Botschaftsgeländes gewesen. Es ist ein mit Angst vermintes Territorium: »Kuba ist sehr repressiv und unmenschlich. Dafür ist das Leben hier in Mexiko sehr hart. Man muss Tag und Nacht schuften, um zu überleben, aber ich habe es nicht einen Tag lang bereut, ausgestiegen zu sein.«

Wir gehen in einen nahe gelegenen öffentlichen Park, wo er sich in der Lärmglocke der umliegenden Straßen sicherer fühlt. Noch einmal versucht er, dem Interview zu entkommen: Es sei für ihn »sehr, sehr delikat« über das Thema Oswald zu sprechen – auch 43 Jahre danach. Außerdem sei sein Dienstgrad sehr niedrig gewesen. Was könne er schon sagen? Das wenige, was er dann sagt, ist für die Forschung zum Kennedy-Attentat eine ganze Menge. Denn er ist der erste Augenzeuge, der Lee Harvey Oswald zusammen mit einem kubanischen Führungsoffizier gesehen hat. Hier seine Aussage:

»Oswald kam in die Botschaft, weil er ein Visum wollte. Ich sah ihn, als er durch den Haupteingang hineinging.«

»Sonst haben Sie ihn nicht gesehen?«

»Doch, noch zweimal, und zwar auf dem Parkdeck der Botschaft. Das ist eine Art Rampe, die es heute nicht mehr gibt. Ich habe ihn gesehen, weil ich unter anderem für die Sicherheit des Parkdecks verantwortlich war. Von den Büros aus konnte man zu Fuß in die Garage gelangen oder mit dem Auto durch eine unterirdische Einfahrt.«

»Was machte Oswald auf dem Parkdeck?«

»Er unterhielt sich mit einem G-2-Offizier, jeweils eine halbe Stunde lang. An zwei verschiedenen Tagen.«

»Wer war dieser Offizier?«

»Ich kenne den Namen nicht. Er war nicht an der Botschaft stationiert. Ein hoher Offizier von ganz oben. Uns war vorher nur gesagt worden: Stellt ihm keine Fragen, er kann gehen, wohin er will; er ist ein Eliteoffizier. Sein Deckname lautete ›Carlos‹. Mehr wurde uns nicht gesagt.«

»Woher wissen Sie, dass er ein ›Eliteoffizier‹ war?«

»Wir, das heißt alle Mitarbeiter der G-2 an der Botschaft, erhielten vorher Instruktionen. Man sagte uns, dass er freien Zutritt zu allen Räumen hat.«

»Was bedeutet das?«

»Das heißt, er war in einer geheimdienstlichen Mission unterwegs. So jemand kann sich frei bewegen und ist ein Mann des Vertrauens.«

»Wie sah er aus?«, frage ich gespannt.

»Ein hochgewachsener, schlanker Schwarzer mit rötlichen Haaren. Ich habe ihn danach nie wieder gesehen.«

»Wie lange hat er sich mit Oswald unterhalten?«

»Beide Male ungefähr eine halbe Stunde lang. Sie verabschiedeten sich mit Handschlag. ›Carlos‹ fuhr mit seinem Wagen weg und Oswald ging zu Fuß hinaus, so wie er gekommen war.«

An diesem Nachmittag schwebe ich im siebten Recherche-himmel. Antonios Aussage ist ein magischer Moment. Wir haben eine unsichtbare Schwelle bei den Ermittlungen überschritten. Bislang gab es nur eine Indizienkette für den Verdacht, dass Oswald in Mexiko vom kubanischen Geheimdienst geführt wurde. Aber dieser Mann hat mit eigenen Augen und aus nächster Nähe gesehen, dass Lee Harvey Oswald während seiner Reise nach Mexiko aktiven Kontakt mit einem hochrangigen Offizier des kubanischen Geheimdienstes hatte.

Nebenbei, aber nicht weniger wichtig, bestätigt Antonios Aussage die Glaubwürdigkeit des Zeugen Alvarado aus Nicaragua. Er hat den »rothaarigen Schwarzen« nicht erfunden, es gab ihn wirklich und er war offenbar Oswalds Führungsoffizier. Um ganz sicher zu gehen, frage ich Antonio, ob die Begegnung zwischen dem Rothaarigen und Oswald nicht ein purer Zufall gewesen sein könnte. Vielleicht war es so, dass Oswald auf einen Termin in der Konsularabteilung warten musste und sich die Zeit vertrieb, indem er auf dem Botschaftsgelände herumspazierte? Antonio schüttelt heftig den Kopf: »Das ist unmöglich. Oswald hatte keine Zugangsberechtigung zum Parkdeck. Er hätte dort nicht einfach hingehen können. Ich musste ihn durchlassen, weil er mit ›Carlos‹ verabredet war. ›Carlos‹ war mit seinem Auto, einem dunklen Chevrolet, gekommen und wartete bereits auf dem Parkdeck. Oswald kam nach ihm, zu Fuß. Sie begrüßten sich mit Handschlag. Sie kannten einander. Das war klar zu erkennen. Von der Unterhaltung selbst habe ich nichts mitbekommen; sie wurde auf Englisch geführt. Als ich Oswalds Foto dann nach dem Attentat in der Zeitung sah, kriegte ich einen furchtbaren Schreck: So nahe war ich dem Mörder Kennedys gewesen, ohne es zu ahnen!«

»Warum fand das Treffen mit Oswald an einem so ungewöhnlichen Ort wie dem Parkdeck statt?«

»Das weiß ich nicht. Wahrscheinlich, weil man dort keine Mikrofone eines feindlichen Dienstes vermutete.«

Ende des Interviews. Antonio rupft sich das Mikrofon mit Schwung vom Hemd und hat es eilig wegzukommen. Ich kriege ihn gerade noch am Ärmel zu fassen, um zu fragen, was nach dem Attentat auf Kennedy in der Botschaft los war.

»Es gab gleich danach viele Reisebewegungen von und nach Havanna. Aufgefallen ist mir besonders, dass die sowjetische Botschaft, die nur ein paar Straßen von unserer entfernt lag, jeden Kontakt mit uns eingestellt hat, fast zwei Wochen lang. Das war sehr auffällig, weil es normalerweise viele Kontakte zwischen uns und denen gab.«

»Was wurde aus Silvia Durán?«

»Nach Ihrer Vernehmung bei der mexikanischen Polizei arbeitete sie nicht mehr an unserer Botschaft. Sie kam nie wieder, aber sie erhielt weiterhin Geld.«

»Woher wissen Sie das?«

»Eine meiner Aufgaben war es, Kurierdienste für die G-2 zu erledigen. Ich musste mehrmals einen Umschlag mit Geld für Silvia Durán bei ihrer Mutter abliefern.«

»Kennen Sie Fabian Escalante?«

»Ja natürlich.«

»War der jemals hier in Mexico City?«

»Ich habe ihn nur ein einziges Mal an der Botschaft gesehen.«

»Wann?«

»Zu der Zeit, als Oswald hier war. Genau kann ich das nicht sagen. Aber es war August oder September 1963.«

General Escalante? Hat er uns nicht erzählt, er sei noch niemals in in seinem Leben in Mexiko, dem Land seiner Träume, gewesen? Was hat er hier gemacht? Antonio kann diese Frage nicht beantworten. Er denkt sich seinen Teil, aber das sei »reine Spekulation«. Er will nur das erzählen, was er mit eigenen Augen gesehen hat.

Gefährliche Bekanntschaften

Als wir wenige Wochen nach Antonios Enthüllung in Havanna sind, konfrontiere ich General Escalante mit der Frage, ob seine Agenten oder er selbst im September 1963 mit Lee Harvey Oswald Kontakt hatten. Er ist auf diese Frage vorbereitet und antwortet mit routiniertem Sarkasmus: »Wo denn in Mexico City, vielleicht auf der Plaza Garibaldi?« Der General hält sich vor Lachen den Bauch. Dazu muss man wissen, dass die Plaza Garibaldi ein populärer Treffpunkt für *mariachi*-Bands und die Fans ihrer Musik ist. Dann fügt der General mit ernstem Gesicht hinzu: »Wir hatten außerdem keine Agenten in Mexiko, keinen einzigen.«

»Es gab einen schwarzen G-2-Agenten mit rötlichen Haaren, der sich dort nach Zeugenaussagen mit Oswald getroffen hat.«

»Ha, ha. Schwarze haben keine roten Haare, nur Weiße. Ein Schwarzer kann sich die Haare vielleicht rot färben, aber das wäre doch sehr auffällig. So jemanden würde ich bestimmt nicht als Agenten einsetzen. Wir hatten nicht einen einzigen Agenten in Mexiko. Mexiko war das einzige Land in Lateinamerika, das noch diplomatische Beziehungen zu Kuba unterhielt. Die durften wir nicht aufs Spiel setzen.«

Ich konfrontiere ihn jetzt mit der Information, wonach Fidel Castro eine enge Freundschaft zum mexikanischen Geheimdienstchef Fernando Gutiérrez Barrios pflegte und die Zusammenarbeit der beiden Geheimdienste im Jahr 1963 schon deshalb sehr eng war. Das spöttische Lächeln in Escalantes Gesicht gefriert bei dieser Frage. Damit hat er nicht gerechnet. Denn diese Männerfreundschaft, die bis zu Gutiérrez Tod währte, wurde jahrzehntelang sorgfältig geheim gehalten. Der General braucht etwa drei Sekunden angestrengten Nachdenkens, bevor er eine dialektisch durchdachte Antwort liefert: »Ja, es stimmt, sie waren gute Freunde. Und gute Freunde behandelt man respektvoll. Ein zusätzlicher Grund, in Mexiko keine geheimdienstlichen Aktivitäten zu entfalten.«

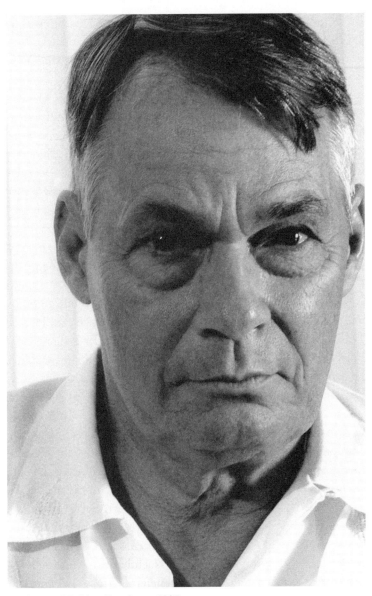

55 General Fabian Escalante 2005

»Eine letzte Frage, General. Ein Augenzeuge hat mir erzählt, dass Sie im September 1963 in der kubanischen Botschaft in Mexico City waren, zur gleichen Zeit, als Lee Harvey Oswald auch dort war.«

»Mein ganzes Leben lang habe ich davon geträumt, Mexiko zu besuchen. So ein schönes Land voller Kultur und Traditionen. Leider war es mir nie vergönnt, diesen Traum erfüllen zu können.« Sein Blick wird unvermittelt hart und drohend: »Sie können recherchieren, soviel sie wollen. Sie werden keinen Zeugen für die Behauptung finden, dass ich jemals in Mexiko war.«

Doch Antonio ist nicht der einzige Zeuge, der Escalantes Schwur als Meineid enttarnt. Wir hören uns unter ehemaligen kubanischen Diplomaten um, die aus dem einen oder anderen Grund mit Fidel Castros Regime gebrochen haben und heute im Exil leben.

Fündig werde ich in Miami. Dort lebt der ehemalige Diplomat Rafael Nuñez. Heute arbeitet er als Historiker. Im Herbst 1963 war er Diplomat im höheren Dienst in der kubanischen Botschaft in Costa Rica. Damals erfuhr er, dass Fabian Escalante im September 1963 tatsächlich an der Botschaft in Mexiko war, registriert als Diplomat: »Registriert war er dort als Vize-Konsul. Er war zur gleichen Zeit da wie Oswald, und ich habe die Information, dass er Lee Harvey Oswald an unserer Botschaft empfing und ihn betreute. Mir ist bewusst, dass diese Aussage eine gefährliche Tür öffnet. Denn immer wenn Fabian auftauchte, ging es um eine Operation der G-2 von höchster Priorität.«

Das Netz zieht sich zu. Das sorgsam konstruierte Legendengebäude General Escalantes zerfällt in seine Bestandteile. Er selbst zog bei der »Operation Oswald« offenbar die Fäden. Der Rothaarige war sein Agent vor Ort. Das erfahre ich beim nächsten Treffen mit unserem Kronzeugen Oscar Marino. Eigentlich wollte er keine ehemaligen Kameraden belasten, aber da wir schon einiges über den Rothaarigen herausgefunden haben, ist er bereit, den letzten Schritt zu tun: Er lüftet die Identiät des

56 Rafael Nuñez 2005

Agenten mit dem Decknamen »Carlos«: »Es gab im Jahr 1963 in der ganzen G-2 nur zwei rothaarige Schwarze. Einer davon war in Kuba. Der kann es schon deshalb nicht gewesen sein. Der andere war tatsächlich in Mexiko. Er stammt aus der Nähe von Santiago. Sein richtiger Name ist Cesar Morales Mesa. Er war in Mexiko als kubanischer Spion tätig. Abgesehen davon hatte er auch eine Aufgabe im mexikanischen Geheimdienst DFS, in der Spionageabwehr. Er war eine Art Bindeglied zwischen dem DFS und uns. Ich kann Ihnen bestätigen, dass er direkt mit Oswald zu tun hatte – er überbrachte auch das operative Geld für Oswald.«

»Wie viel Geld?«

»Nicht viel.«

»Wofür?«

»Das weiß ich nicht.«

»Wen hat Oswald außerdem noch getroffen, Fabian Escalante vielleicht?«

»Ob Fabian ihn getroffen hat, kann ich nicht sagen, weil ich es nicht wirklich weiß. Es ist aber wahrscheinlich. Denn Fabian war sehr wichtig damals. Es ist nicht vorstellbar, dass solch eine Operation ohne ihn stattfand. Was ich sicher weiß, ist, dass Oswald mit Cesar Morales Mesa Kontakt hatte und außerdem mit Anibal Riera Escalante, der viele Jahre hindurch unser Spionagenetz in Mexiko geleitet hat.«

Dieser Name überrascht mich und ich frage nach: »Noch ein Escalante. Ist der verwandt mit General Escalante?«

»Ja, das ist sein Cousin.«

»Wo ist er jetzt?«

Bei dieser Frage lacht Oscar Marino sarkastisch auf: »Vermutlich in einem kubanischen Gefängnis. Er desertierte im Jahr 2000 und bat in Mexiko um politisches Asyl. Statt ihn zu schützen, hat die mexikanische Geheimpolizei ihn verhaftet und an den kubanischen Geheimdienst übergeben. Er wurde nach Kuba verschleppt und dort verurteilt. Beide Dienste hatten Angst davor, dass er zu viel plaudert. Verstehen Sie jetzt, wie delikat das Thema immer noch ist?«

Ich frage Oscar Marino, worum es bei den Gesprächen der kubanischen Agenten mit Oswald ging. Wurde über den Mord an Präsident Kennedy gesprochen? Er steht auf und verabschiedet sich: »Diese Frage kann ich nicht beantworten, vielleicht später einmal. Ich muss nachdenken.« Für heute hat er genug von der Fragerei.

> *»Kennedy wollte Castro erledigen,*
> *aber Castro war schneller.«*

LYNDON B. JOHNSON

8.
Auftrag Mord

Im mexikanischen Puzzle fehlen nur noch ein paar entscheidende Steine. Worüber haben die G-2-Offiziere Cesar Morales Mesa, Fabian Escalante und dessen Cousin Anibal Riera Escalante mit Oswald gesprochen? Sicherlich nicht über die architektonischen Meisterleistungen der Atzteken oder über andere kulturelle Schönheiten Mexikos. Ging es um die Planung des Mordes an Präsident Kennedy? Die endgültigen Beweise für diesen Verdacht haben wir noch nicht gefunden.

Wenn es tatsächlich einen Mordauftrag aus Havanna gab, dürfte der Kreis der Verschwörer sehr klein sein. Wer von den Mitwissern noch lebt, und weiterhin in Frieden leben will, hat nachvollziehbare Gründe, auch den Rest seines Lebens zu schweigen. Unser Kronzeuge Oscar Marino drückt es so aus: »Fabian Escalante und Rolando Cubela wissen über Oswald mehr als ich, aber in der Lage, in der sie sich befinden, werden sie Ihre Fragen nicht beantworten.«

Schwere Entscheidung für Oscar Marino

Er selbst braucht noch Zeit, um sich zu entscheiden und einige Dinge mit dem eigenen Gewissen zu klären, bevor er den letzten Schritt tut. Ihn irritiert, dass er nicht genau einschätzen kann, in welchem Zusammenhang seine Aussage am Ende steht, ob sie möglicherweise sogar missbraucht wird. Seine Zweifel kann ich gut verstehen. Was gesagt ist, ist gesagt und kann nicht mehr zurückgenommen werden. Er muss viel Vertrauen in mich aufbringen. Das braucht Zeit und Geduld von beiden Seiten. Recherchieren bedeutet oft genug, auf den richtigen Moment warten zu können. Mein Gefühl sagt mir: Er wird auspacken, aber erst ganz zum Schluss. Am Ende unserer letzten Reise nach Mexiko, es ist die fünfte, kommt endlich ein Signal von ihm: Wir sollten uns noch einmal treffen. Übermorgen in unserem Hotel, 21 Uhr.

Am Tag vor dem Treffen trinke ich mit meinem mexikanischen Kollegen Mauricio Laguna Bérber in der Cafeteria des Hotels einen Kaffee, als ich spüre, dass jemand hinter mir steht. Im Augenwinkel erkenne ich wie in einem Rückspiegel vier Männer, die wie aus dem Nichts aufgetaucht sind. Sie bestellen nichts, sie stehen einfach nur da. Von der Physiognomie und der Kleidung her könnten es Kubaner sein. Auf dem Weg zum Fahrstuhl folgen mir die vier Männer und unterhalten sich mit deutlich hörbarem kubanischen Akzent. Sie geben sich keine Mühe, die Observation zu tarnen. Das Ganze wirkt wie eine Demonstration der Macht: Gebt euch keine Mühe, wir wissen alles. Oder leide ich schon unter Verfolgungswahn und alles ist nur ein Zufall? Vielleicht sind die Herrschaften von der Staatssicherheit aus ganz anderen Gründen hier? Vorsichtshalber sage ich den Termin mit Oscar Marino ab.

Nach einigen Tagen unternehme ich den nächsten Kontaktversuch mit Oscar Marino. Diesmal sagt er ab. Er sei krank und im Übrigen habe er alles gesagt, was es zu sagen gebe. Er hat offenbar kalte Füße bekommen und möchte den begonnen Weg nicht bis zu Ende zu gehen. Oder ist er zwischenzeitlich vom kubanischen Geheimdienst eingeschüchtert worden? Ein nervenzehrendes Warten beginnt. Tagelang. Wieder gibt es einen Kontakt. Doch Marino bleibt hart. So wie es aussieht, müssen wir kurz vor dem Ziel aufgeben. Die Filmausrüstung ist schon eingepackt. Morgen geht der Flug zurück nach Deutschland. Ende der Dreharbeiten. Das Geld ist aufgebraucht und irgendwann ist Schluss. Katerstimmung im Team.

Dann, am späten Nachmittag, meldet er sich: Er wird doch reden, heute Nacht. Aber wo? Im Hotel geht es nicht, weil wir dort möglicherweise wieder beobachtet werden. Andererseits will er auf keinen Fall, dass wir zu ihm kommen. Dann wüssten zu viele Beteiligte, wo er sich in Mexiko aufhält. Kameramann Reinhard Gossmann macht schließlich den Vorschlag, das Interview im Auto zu drehen, während der Fahrt. Wir mieten einen Van, fahren in eine Tiefgarage und bauen Kamera und Ton ein. Am verabredeten Treffpunkt hole ich Oscar Marino ab und bringe ihn in die Garage. Er ist mit der Art des Interviews einverstanden: Der Ton wird ungefiltert aufgezeichnet, im Bild werden wir ihn nur von hinten zeigen. In der Nacht kreuzen wir mit Oscar Marino eine Stunde lang durch die spärlich erleuchtete Stadt. In dieser Stunde wird alles gesagt, was noch zu sagen ist.

Seine Stimme ist heiser, wie bei einer schweren Erkältung. Er wirkt fahrig und nervös, zündet sich eine Zigarette nach der anderen an. Wie groß ist die Gefahr, in die er sich selbst bringt?

»Wenn man so einer Organisation angehört hat und sie dann verlässt, ist alles, was im Leben noch kommt, ein Risiko. Nein, ich glaube nicht, dass mir etwas geschehen wird. Es ist eher das Gefühl, dass ich vielleicht etwa Falsches tue, dass es ein Fehler war zu kommen.«

Auch wenn er es abstreitet: Man sieht die Furcht in seinen Augen. Vielleicht weniger vor einer möglichen Rache, eher vor seinem eigenen Bruch mit der Vergangenheit. Vielleicht fühlt er sich auch als Verräter einer Revolution, für die er bereit war, sein Leben zu opfern. Schwer wiegt auch das Schuldgefühl, gegen den Ehrenkodex eines Offiziers der Revolution zu verstoßen. Nichts

57 Oscar Marino bei seiner Zeugenaussage

von dem, was er in dieser Nacht sagen wird, kann wieder zurückgenommen werden. Seine Sätze sind karg, aber von großer
Wucht, weil sie den Blick auf eines der großen Dramen des zwanzigsten Jahrhunderts verändern.

Ein Desperado

Wie um sich vor sich selbst zu rechtfertigen, beginnt Oscar Marino mit einer Erklärung seiner Motive: »Wenn ich etwas sage,
dann nicht aus Liebe zu Kennedy. Er war unser Todfeind und ich
bereue nicht, was wir zu unserer Selbstverteidigung unternom-
men haben. Es geht mir am Ende meines Lebens nur noch um die
geschichtliche Wahrheit. Das ist vielleicht das Einzige, was einem
als Wert bleibt.«

Ich entscheide mich dafür, nicht um den heißen Brei herum-
zureden und stelle ihm die Kernfrage: »Gab es einen Plan des kubanischen Geheimdienstes G-2, John F. Kennedy mit Hilfe von
Lee Harvey Oswald zu ermorden?«

Bei seiner Antwort verlässt Marino noch nicht die Deckung: »Erst einmal müssen Sie wissen, dass ich viele Einzelheiten nicht kenne. Ich war operativ nicht beteiligt, weil ich zu der Zeit der Geschehnisse für eine andere Operation gegen die innere Konterrevolution auf Kuba verantwortlich war.«

»Bedeutet das, Ihr Wissen über Oswalds Kontakte mit der G-2 aus ist aus zweiter Hand?«

»Nein, ich gehörte zur operativen Leitungsebene und war aus dienstlichen Gründen in die wichtigsten Operationen der G-2 eingeweiht. Es wurde auf der Leitungsebene darüber gesprochen. Auch über Oswald. Außerdem hatte ich zu den Unterlagen über Ausländer Zugang, die wir als Kämpfer rekrutiert hatten.«

»Tauchte Oswald in diesen Unterlagen auf?«

»Ja, er stand auf einer Liste von ausländischen Mitarbeitern und Zahlungsempfängern. Er bekam mehrmals operatives Geld.«

»Wie viel?«

»Keine bedeutenden Summen, ein paar tausend Dollar. Nur für operative Zwecke. Es ging ihm nicht ums Geld, er wollte etwas Großes für die Revolution leisten.«

»Was?«

»Er war zu vielem bereit.«

»Auch dazu, Kennedy zu töten?«

»Ja, er war bereit, Kennedy zu töten. Und wir haben die Gelegenheit genutzt.«

»Welche Rolle spielte die G-2 bei dieser Entscheidung?«

»Wir haben ihn lediglich bei der Vorbereitung des Attentates unterstützt, ihm Geld gegeben, und ihm einige Versprechungen gemacht.«

»Welche?«

»Das möchte ich nicht sagen.«

»War er in Dallas der einzige Schütze?«

»Meines Wissens, ja. Theoretisch könnten noch andere Schützen vor Ort gewesen sein, aber nichts deutet darauf hin. Er war ein Einzelgänger, ein *desperado*. Unsere Leute haben ihn operativ nicht unterstützt. Das Risiko wäre zu groß gewesen.

»Wie würden Sie denn die Natur der Beziehungen des kubanischen Geheimdienstes zu Oswald beschreiben?«

»Wir haben Oswald benutzt, aber aus Gründen der Sicherheit waren die Verbindungen zu ihm lose geknüpft. Meines Wissens war kein Offizier der G-2 vor Ort in Dallas operativ dabei. Ob es Beobachter gab, weiß ich nicht. Oswalds Gewehr jedenfalls kam nicht von uns. Das ist alles, was ich sagen kann.«

»Hat die kubanische Regierung die Ermordung von Präsident Kennedy geplant?«

»Ich möchte eine direkte Antwort vermeiden und es so ausdrücken: Als Kennedy starb, haben wir nicht geweint.« (Bei diesem Satz entfährt ihm ein bitteres Lachen.)

»Wie würden Sie die Rolle der G-2 beim Kennedy-Attentat definieren?«

»Die G-2 wollte Kennedys Tod und sie hat Oswald dafür benutzt. Diese Verantwortung müssen wir tragen.«

»Hat Oswald von der G-2 den Befehl bekommen, Kennedy zu töten?«

»Befehl ist das falsche Wort, ich würde sagen, es war ein Wunsch.«

»Oswald hat diesen Wunsch erfüllt?«

»Ja.«

Wir kurven durch die verwaiste Innenstadt. Überall werden Verkaufsstände abgebaut. Männer und Frauen schaffen die Ware auf Handkarren weg. Wie Gespenster huschen sie durch die mittlerweile fast dunklen Straßenschluchten. Bettler durchwühlen den Müll und Prostituierte versuchen, unseren Wagen anzuhalten. Drinnen im Auto herrscht angespanntes Schweigen. Wir brauchen alle eine Pause, um die Ungeheuerlichkeit des Gesagten zu begreifen und zu verarbeiten. Der Erste, der das Schweigen durchbricht, ist Oscar Marino selbst:

»Oswald war bereit, es zu tun. Unser eigenes Risiko war deshalb gering.«

Ich äußere meine Zweifel. War Oswald nicht eher ein Risikofaktor? Jemand, der keine Disziplin kannte, der unberechenbar war und psychisch labil?

»Die Kontakte mit ihm waren lose, aus Sicherheitsgründen. Es wäre nicht leicht gewesen, sie zurückzuverfolgen. Außerdem war Oswald keineswegs verrückt, nicht im klinischen Sinn. Er war ein Fanatiker, er wollte unbedingt eine Mission erfüllen und ein bedeutender Mann werden. Er hasste sein eigenes Land und war voller Ressentiments. Wenn das verrückt ist, na gut. Ein gewisses Maß an Verrücktheit kann manchmal sogar nützlich sein. Er hatte eine Menge nützlicher Eigenschaften. Rolando Cubela hat ihn auf seine Aufgabe vorbereitet und konnte dabei auf seinem linksradikalen Fanatismus aufbauen. Oswald selbst machte den Vorschlag, Kennedy zu töten.«

»Also kam der Plan von Oswald?«

»Er hat den Vorschlag gemacht und glaubte, es sei seine Idee. Aber natürlich war sie eine Projektion unseres Wunsches. Warum ist das für Sie so wichtig? Egal, ob es von ihm selbst kam oder nicht. Er war ein Werkzeug der G-2.«

Oscar schüttelt den Kopf, ringt um jedes Wort. Er ist sich nicht sicher, ob er missverstanden wird. Wie soll er einem Laien klarmachen, wie man einen *sleeper* optimal aktiviert, ohne dass er selbst allzu viel über die Hintermänner erfährt. Marino versucht es noch einmal: »Verstehen Sie mich bitte nicht falsch. Er wurde keiner Gehirnwäsche unterzogen. Das war nicht notwendig. Er wusste, was er tat und handelte aus politischer Überzeugung. Er war Soldat der Revolution und bot uns seine Dienste an, um Kennedy zu töten. Oswald war übrigens nicht erst im September 1963 zu Treffen mit G-2-Offizieren in Mexiko, sondern auch schon vorher, im Juni oder Juli. So genau kann ich mich nicht festlegen. Auf alle Fälle war er zwei Mal in Mexiko. Mehr kann ich dazu nicht sagen.«

»Hat Fidel Castro die Operation gegen Kennedy befohlen?«

»Ich kann Ihnen nur sagen, sie wurde auf höchster Ebene der G-2 beschlossen. Das weiß ich und das kann ich Ihnen versichern. Ob Fidel persönlich den Befehl gab, dazu kann und will ich mich nicht äußern. Ich habe jetzt genug gesagt.«

Ende des Interviews. Oscar Marinos Augen sind jetzt ganz in ihren tiefen weißen Höhlen versunken. Er ist in dieser einen Stunde seiner Bekenntnisse um Jahre gealtert. Ein erschöpfter und kranker Mann, den wir in Ruhe lassen müssen. Er will keinen Kontakt mehr. Wir verabschieden uns, ohne dass ich weiß, ob wir uns je wieder sehen werden. Als ich ihm Geld für das Taxi zum Flughafen geben will, lehnt er entrüstet ab.

Nachdem Oscar Marino seine Aussage gemacht hat, ist das Bild klar: Oswald war eine menschliche Bombe, die vom kubanischen Geheimdienst scharf gemacht und auf ihr Ziel gelenkt wurde. Einmal aktiviert, konnte der Schläfer der Weltrevolution allein zurechtkommen. Er brauchte niemanden mehr, um seine Mission zu erfüllen. Seine Paten in Havanna brauchten nur noch abzuwarten.

Weil Oswald allein operierte, war das Risiko gering, dass man die Autorenschaft des kubanischen Geheimdienstes zurückverfolgen konnte. Oswald hatte keine Waffe aus Kuba, keine kubanischen Mittäter und keinen kubanischen Pass. Für den Fall, dass er das Attentat überlebte, bestand natürlich das Risiko, dass er im Verhör oder vor Gericht einknickte und verriet, wer ihm den Mordauftrag gegeben hatte. Aber was hätte es ihm genutzt? Er hätte nicht einmal beweisen können, dass er im Auftrag Kubas handelte. Wer hätte ihm geglaubt?

Die sichtbaren Spuren, die es von seiner Reise nach Mexiko gab, waren sorgsam präpariert worden: Vor allem seine beiden Besuche in der kubanischen Botschaft waren eine gut durchdachte Inszenierung, die zu einer Entlastung der kubanischen Regierung führte: Ja, er war ein Anhänger der Revolution, er war nachweisbar in der kubanischen Botschaft, er wollte ein Visum, es kam zum Streit mit ihm und die Kubaner warfen ihn am Ende hinaus. Na und? Ein rundum sauberes und vor allem glaubwürdiges Alibi. Der kubanische Geheimdienst musste davon ausgehen, dass die Büros der Botschaft in Mexico City von den Mikrofonen der CIA abgehört wurden. Die Inszenierung des Hinauswurfes war auch für sie bestimmt.

Countdown

Als Lee Harvey Oswald am 3. Oktober 1963 mit dem Bus aus Mexiko zurück nach Texas fährt, hat er eine Mission. Er ist dazu auserwählt, Kennedy zu töten, um die kubanische Revolution und ihren Führer zu retten. Oswald kehrt nicht nach New Orleans, dem Ausgangspunkt seiner Reise, zurück, sondern er fährt nach Dallas. Dort wohnt er zunächst im Jugendhotel YMCA, um sich dann ein eigenes kleines Zimmer zu nehmen – getrennt von seiner Familie. Die wohnt weiterhin im Haus von Ruth Paine in Irving, einem Vorort von Dallas. Oswald fährt jedes Wochenende dorthin, vor allem um mit seiner Tochter June zu spielen, die er sehr liebt.

Ruth Paine, die Freundin seiner Frau, hat beim Kaffeeklatsch davon gehört, dass im Schulbuchlager des Staates Texas Stellen frei seien. Sie gibt den Tipp an Oswald weiter. Ein purer Zufall. Und ein Glück für den Attentäter, der seinen Job in der Buchausgabe am 16. Oktober antritt. Er kann nicht wissen, dass der Präsident am 22. November direkt unter seinem Arbeitsplatz vorbeifahren wird. Zwar ist Kennedys Reise nach Dallas schon Anfang September vom Weißen Haus öffentlich angekündigt worden, aber die genaue Route wird erst zwei Tage vorher in den Tageszeitungen veröffentlicht.

Auch wenn Oswald die genaue Route des Präsidentenkonvois nicht kennt, weiß er, dass sie vom Lovefield-Flughafen durch die Maine Street führen wird, so wie alle politischen Paraden stets durch die Maine Street führen. Er hat Zeit genug, um sich vorzubereiten. Nach Feierabend durchstreift er Dallas und sucht nach möglichen Schusspositionen. In seinem Stadtplan (der später vom FBI gefunden wurde) markiert er mit Bleistift die hohen Gebäude an der voraussichtlichen Fahrtstrecke Kennedys. Gus Russo hat die markierten Stellen überprüft und herausbekommen, dass darunter mindestens acht Positionen waren, von denen aus ein Scharfschütze freie Sicht auf die Präsidentenkolonne gehabt hätte. (64) Doch die Mühen erweisen sich am Ende als überflüssig. Das Opfer wird zum Täter kommen, nicht umgekehrt. In die Zeit der Vorbereitung fällt am 18. Oktober sein 24. Geburtstag. Zwei Tage später wird seine zweite Tochter Rachel geboren.

Das Todesurteil

Auch für das Attentat gegen Fidel Castro läuft der Countdown. Präsident Kennedy sendet nach wie vor widersprüchliche Signale in Richtung Havanna. So empfängt er am 24. Oktober den französischen Journalisten Jean Daniel, der auf der Reise nach Kuba ist. In einem sehr ausführlichen Gespräch bittet Kennedy ihn, Castro ein inoffizielles Angebot zu machen: die USA würden die revolutionären Veränderungen auf Kuba tolerieren, wenn Kuba zu friedlicher Nachbarschaft und zu einer Lockerung der Beziehungen zur Sowjetunion bereit wäre. Jean Daniel soll herausfinden, ob Castro Interesse an einem politischen Deal mit Kennedy hat. Jean Daniel fliegt nach Kuba weiter und muss tagelang auf die Audienz mit Castro warten – bis er am 22. November 1963 empfangen wird.

Am gleichen Tag, an dem Präsident Kennedy dem Journalisten aus Paris eine Friedenstaube für Castro in die Hand drückt, lässt er in der Kuba-Gruppe des Nationalen Sicherheitsrates eine massive Verschärfung des Sabotagekrieges gegen Kuba beschließen: 13 Operationen werden an diesem Tag festgelegt, darunter die Zerstörung eines Kraftwerkes, einer Ölraffinerie und einer Zuckermühle. Kennedy redet mit zwei Zungen. Die folgenschwerste Entscheidung der US-Regierung in diesen Oktobertagen bezieht sich allerdings auf das Projekt zur Ermordung Castros. Es wird trotz des geheimen diplomatischen Flirts mit Kuba auf die Spitze getrieben: Am 29. Oktober trifft sich in Paris der Auftragskiller Rolando Cubela mit einem persönlichen Beauftragten von Justizminister Robert Kennedy. Sein Name ist Desmond FitzGerald, Chef der CIA-Abteilung für geheime Operationen und ein persönlicher Freund der Kennedy-Brüder.

FitzGerald gibt Cubela die verlangten Garantien: Der Präsident und sein Bruder stehen hinter dem geplanten Staatsstreich auf Kuba. Cubela kann sich auf Kennedys Wort verlassen. (65) Der Verlauf des Treffens in Paris ist durch die freigegebenen Akten der CIA gut dokumentiert. Was sagt Cubela selbst über dieses Gespräch mit Robert Kennedys Beauftragtem FitzGerald?

58 Rolando Cubela 2005

Cubela bestätigt mir, er habe von FitzGerald wissen wollen, ob die Kennedy-Brüder die Operation AM-LASH (das war der CIA-Name für den geplanten Anschlag auf Castro) kannten und ob sie wirklich hinter ihr standen. »FitzGerald versicherte mir den uneingeschränkten Rückhalt durch die Brüder Kennedy.« Dann fügt Cubela ein interessantes Detail hinzu: »Um mir noch mehr Sicherheit zu geben, sagte er, Präsident Kennedy selbst werde mir eine Botschaft zukommen lassen, versteckt in einer Rede, die er demnächst in Miami halten werde. Diese Botschaft sei für mich das Signal zum Losschlagen. FitzGerald hat Wort gehalten.«

Drei Wochen später, am 18. November 1963, hält Präsident Kennedy vor der Interamerikanischen Pressevereinigung (IAPA) in Miami tatsächlich eine Rede, in der er auf die Situation in Kuba eingeht. Seine Botschaft an Rolando Cubela, die FitzGerald persönlich in die Rede eingebaut hat, ist geschickt verpackt, aber unmissverständlich. Ein verbaler Angriff auf Castro, der die Pressekorrespondenten wegen seiner unerwarteten Militanz überrascht: »Eine kleine Gruppe von Verschwörern hat dem kubanischen Volk die Freiheit genommen. Sie hat die Unabhängigkeit und Souveränität der kubanischen Nation an Mächte außerhalb der Hemisphäre abgetreten. Wenn die kubanische Souveränität wiederhergestellt sein wird, werden wir die Freundeshand reichen und Kuba helfen.« (66)

Die Botschaft ist an Castros Mörder gerichtet, doch sie kommt, wie in einem bösen Märchen, auch bei seinen Getreuen an und wird dort richtig verstanden: Der kubanische Geheimdienst hat jetzt Gewissheit, dass Kennedy im Grunde keinen politischen Deal will, sondern den Showdown. Das Friedensangebot aus Washington ist nicht ernst gemeint und der Bruder des Präsidenten will das tödliche Spiel zu Ende spielen. So gesehen hat John F. Kennedy bei seiner Rede am 18. November 1963 in Miami unwissentlich auch sein eigenes Todesurteil verkündet. Noch hätte Kuba den Schläfer stoppen können.

Bei Nacht, in einer Stadt, die brennt
Zieht Frühling nordwärts dieses Jahr,
Halt ich mein Wort, tu meine Pflicht:
Dies Rendezvous verpass ich nicht.

AUS JOHN F. KENNEDYS
LIEBLINGSGEDICHT »RENDEZVOUS
MIT DEM TOD« VON ALAN SEEGER

9.
Rendezvous mit dem Tod

Nachdem er sich gewaschen und in der Küche einen Instantkaffee aufgegossen hat, kehrt er noch einmal ins Schlafzimmer zurück, um sich von seiner Frau Marina zu verabschieden. Sie schläft noch halb, als er ihr sagt, er habe Geld auf den Schreibtisch gelegt, damit sie sich neue Schuhe kaufen könne. Dann küsst er seine beiden Töchter June und Rachel, streift den Ehering ab und lässt ihn in eine russische Tasse fallen, die Marina von ihrer Tante geerbt hat. Er geht in den Hinterhof, holt das Gewehr aus der Garage, wickelt es in braunes Packpapier, überquert die Straße und legt das Gewehr auf den Rücksitz des Chevrolets, der seinem Arbeitskollegen Wesley Frazier gehört. Auf der Fahrt zur Arbeit fragt Frazier nach dem Inhalt der braunen Papierrolle und Oswald antwortet, das seien Gardinenstangen.

Fünf Minuten, nachdem Lee Harvey Oswald sich auf den Weg gemacht hat, betritt der Kammerdiener des Präsidenten die Suite 850 im Hotel *Texas* im nahegelegenen Fort Worth und klopft an die Tür des Schlafzimmers. Während der Präsident duscht, legt Kammerdiener George die Garderobe zurecht: blau-graue Jacke mit zwei Knöpfen, dunkelblauer Schlips, weißes Hemd mit feinen, grauen Streifen.

Als John F. Kennedy aus dem Fenster blickt, sieht er etwa 5000 Menschen, die im grauen Nieselregen vor dem braunen Backsteingebäude auf ihn warten. Er ist begeistert und will so-fort hinuntergehen, doch in dem Moment betritt Godfrey McHugh das Zimmer und überreicht ihm im verschlossenen Umschlag den morgendlichen Lagebericht der CIA. Kennedy überfliegt die aktuellen Verlustzahlen aus Vietnam und die Mel-dungen aus den Krisenherden Zypern und Korea. Endlich geht er hinunter zu den wartenden Gewerkschaftlern, klettert auf die Ladefläche eines Lastwagens und beginnt seine kurze Anspra-che. Unter den Jubel der Arbeiter mischen sich einzelne Rufe: »Wo bleibt Jackie?« Der Präsident deutet auf das Fenster im sieb-ten Stock und sagt: »Sie braucht etwas länger, dafür sieht sie dann auch besser aus als wir.« (67)

Als er ins Hotel zurückkehrt, hält sein Stabschef ihm ein Exemplar der *Dallas Morning News* hin. Die gesamte Seite 14 be-steht aus einer Anzeige der *John-Birch-Gesellschaft*, eingefasst in einen dicken schwarzen Rand, wie bei einer Todesanzeige. Die Überschrift lautet »Willkommen in Dallas, Mr. Kennedy«. Im Text wird der Präsident beschuldigt, den Freiheitskampf der Exil-kubaner gegen Fidel Castro verraten zu haben. Außerdem würden er und sein Bruder Bobby die Kommunisten mit »Samthandschu-hen« anfassen. Die Weizenverkäufe der US-Regierung an die Sow-jetunion seien ein Dolchstoß in den Rücken amerikanischer Sol-daten, die in Südostasien für die Freiheit kämpften.

Kennedy liest die Anzeige mit düsterer Miene und reicht sie dann seiner Frau mit den Worten: »Heute fahren wir ins Narren-land.« Jackies gute Laune ist verflogen und ihr wird bei der Lek-türe des Artikels übel. John F. beruhigt sie: »Wenn mich jemand aus einem Fenster mit einem Gewehr erschießen will, kann man sowieso nichts dagegen machen. Also, wozu sich aufregen?«

Am Tag, als Kennedy starb, war Antulio Ramírez, der Flugzeugentführer und Gelegenheitsagent, gerade in einer Bar in Havanna, als er die Nachricht im Radio hörte: »Für mich war es wie ein angekündigter Tod.« Schweigen. Die Nacht senkt sich über Los Angeles und Antulio Ramírez starrt angestrengt den weißen Punkten nach, Flugzeuge, die ununterbrochen einschweben und wie Sterne glitzern. »Ich habe es zwei Tage vorher erfahren, am 20. November. Ich plauderte mit meinem Führungsoffizier ›Martín‹ über alles Mögliche. Er zog eine Ansichtskarte aus Mexiko, genauer gesagt aus der Stadt Los Palacios, aus der Tasche. Sie war von unserem gemeinsamen Freund Juan Laverde, auch ein G-2-Offizier. Unterschrieben hatte er mit seinem Pseudonym ›C. J. Fortes‹. Ich sagte, der hat es gut, macht sich ein schönes Leben mit *mariachi* und heißen Frauen. ›Falsch, mein Freund‹, sagte Martín, ›er ist wegen dieser Geschichte mit Kennedy da, von der ich dir neulich erzählt habe.‹ Ich sagte: ›Als du gesagt hast, ihr wollt ihn eliminieren? Da kann ich nur lachen. Das war

59 Antulio Ramírez 2005

60 Jean Daniel mit Fidel Castro am 22. 11. 1963

doch nicht ernst gemeint.‹ Aber Martín sagte: ›Doch, wir werden es tun und zwar schon bald. Nicht wir selbst, wir haben einen „Jonny" gefunden, der erledigt das für uns. Er ist verrückt genug, es zu versuchen. Entweder schafft er es, oder nicht. Wir haben damit nichts mehr zu tun. Es hängt jetzt alles von ihm ab.‹ Ich war sprachlos und sagte: ›Unsinn. Das könnt ihr gar nicht. Und selbst wenn, das Risiko für Kuba wäre viel zu groß. Ich glaube dir kein Wort. Unmöglich.‹ Martín antwortete ganz kühl: ›Genauso wird es kommen, niemand wird es glauben.‹«

Als Kennedy starb, war Fidel Castro gerade in seinem Strandhaus in Varadero. Er hatte den französischen Journalisten Jean Daniel mitgenommen, um mit ihm über Kennedys Friedensangebot zu sprechen. Noch heute weiß der Grandseigneur des französischen Journalismus und Herausgeber des *Nouvelle Observateur* nicht so recht, ob er tatsächlich eine wichtige diplomatische Mission erfüllt hat, oder ob er nur Schachfigur in einem abgekarteten Spiel war. Er sitzt mir in seinem Arbeitszimmer in Paris gegenüber und erinnert sich, unterbrochen von qualvollen

Hustenanfällen, an diese ein wenig surrealistische Begegnung unter Palmen: »Kennedy hatte mir aufgetragen mit Castro zu sprechen, um herauszufinden, ob er zu einem Deal bereit war. Ich sagte Castro, dass der amerikanische Präsident nichts gegen seine Revolution habe. Sie sei längst überfällig gewesen. Warum nicht in friedlicher Nachbarschaft leben und die unterschiedlichen Systeme respektieren? Fidel Castro hörte sich das Angebot aufmerksam an und sagt dann: ›Mir wird jetzt klar: Der Mann, der mich umbringen wollte, hat seine Meinung geändert.‹«

Dann wurde Fidel Castro zum Telefon gerufen. Ein dringender Anruf seines Staatspräsidenten Dorticos. Als er wieder aufgelegt hat, sagte er: Auf Kennedy ist geschossen worden. Später kam ein weiterer Anruf von Dorticos mit der Mitteilung, Kennedy sei tot. Fidel empörte sich über das Attentat wie ein Schauspieler und sagte: ›Lieber Jean Daniel, es ist vorbei, Ihre Mission ist zu Ende. Vielleicht haben sie ihn sogar wegen Ihrer Mission umgebracht, denn Kennedy und ich hätten uns verständigen können.‹ Er wirkte dabei seltsam ruhig und unberührt.«

Rolando Cubela hielt sich zu Kennedys Todesstunde in einer konspirativen Wohnung der CIA in Paris auf. Wieder einmal drohte er seinem Führungsoffizier, er werde aus der Verschwörung gegen Castro aussteigen und ins Exil gehen. Der CIA-Mann mit dem Decknamen »Samson« versuchte ihn davon zu überzeugen, dass die US-Regierung es mit ihrer Unterstützung für seinen Putsch-Plan ernst meinte. Er habe auch ein wirksames Mittel dabei, um Fidel Castro auszuschalten. Aus seiner Tasche zog der CIA-Mann einen Stift, der auf den ersten Blick wie ein ganz normaler Kugelschreiber aussah. Entwickelt worden war das Gerät von der *Gesundheitsabteilung* der CIA. Die mikroskopisch feine Spitze enthielt das Pflanzengift Black Leaf 40.

Wenn er damit Fidel Castro leicht in den Arm ritze, zum Beispiel bei einer Versammlung oder im Gedränge bei einem Empfang, würde das zum Tod des Diktators führen. Nicht sofort, aber innerhalb weniger Tage. Cubela zeigte sich über das Ansinnen empört. Ein Kommandant der Revolution kämpfte nicht mit Gift. (68)

Verlief das Treffen auch in Cubelas Erinnerung so, wie im Treffbericht der CIA dargestellt? Wir sitzen zum letzten Mal in Cubelas Lieblingsbar in Madrid und trinken unseren Rosado. Cubela nickt: »Das stimmt. Ich wollte die Giftspritze nicht, das war deren Idee. Ich sagte: Schickt mir Schnellfeuergewehre, Handgranaten und C-4-Sprengstoff.«

»Wie ging das Treffen weiter?«

»Jemand aus Washington rief an und erzählte dem CIA-Mann, der Präsident sei erschossen worden. Ich war schockiert und sagte: Es trifft immer die Falschen. Dann wurde das Treffen abgebrochen und die Operation AM-LASH war zu Ende.«

»Don Rolando, fühlen Sie sich schuldig am Tod Kennedys? Schließlich haben Sie Oswald für den kubanischen Geheimdienst angeheuert?«

Jetzt reicht es ihm. Er läuft vor Zorn rot an und droht damit, mich zu verklagen. Er bezahlt seinen Rosé-Wein und macht sich auf den Weg nach Hause. An der frischen Luft und im strahlenden Sonnenschein des Madrider Sommers wird er gleich wieder versöhnlicher, legt mir die Hand auf die Schulter und sagt: »Wenn ich das meiner Frau erzähle! Die wird ganz schön wütend sein, dass ich mit dir gesprochen habe. So ist das Leben. Ich war einmal ein politischer Führer Kubas. Jetzt bin ich ein Niemand.«

Bevor er endgültig im Eingang seines Apartmenthauses verschwindet, dreht er sich noch einmal kurz um, winkt und sagt: »Sag denen, sie können jetzt kommen und mich töten. Wenn du das nächste Mal nach Madrid kommst, kauf ein paar Blumen und leg sie auf mein Grab.« Es folgt ein kurzes, aber schnell wieder verklingendes Auflachen.

Der kubanische Geheimdienstchef Fabian Escalante erinnert sich, dass er im Hauptquartier in Havanna mit einigen Genossen zusammensaß, als die Nachricht von Kennedys Tod eintraf. Sein Gedächtnis täuscht ihn. Er war nicht in Havanna, sondern in

Dallas. Zweieinhalb Stunden nach dem Tod des Präsidenten verließ eine kleine Passagiermaschine den privaten Redbird Airport in Dallas. Niemand hat die Nummer der Maschine oder die Namen der Passagiere registriert. Es gab 1963 auf Privatflughäfen keine Kontrolle der Flugbewegungen. Das FBI versuchte später herauszufinden, wer an Bord dieser Maschine gewesen war. Vergebens.

Auch FBI Special Agent James Hosty, der Lee Harvey Oswald vernommen hatte, war bei den Ermittlungen auf dem Redbird Airport beteiligt: »Es gab ein paar CIA-Agenten, die waren auf einer heißen Spur. Sie fanden heraus, dass das Flugzeug in Mexico City landete und der Insasse in eine Maschine nach Havanna umstieg. Die CIA-Agenten in Mexiko waren kurz davor, den Passagier zu identifizieren, als der Befehl vom stellvertretenden CIA-Direktor Thomas Karamessines kam: Diese Spur darf unter keinen Umständen weiter verfolgt werden.«

Was Hosty nicht weiß: Johnson ließ diese Spur fünf Jahre später doch weiterverfolgen, in einer Art Privatermittlung. Er wollte es ganz genau wissen und schickte seinen Mitarbeiter und Freund Martin Underwood nach Mexico City. Niemand sollte davon erfahren. Martin Underwood hielt sich an die Schweigepflicht. Jahrzehntelang. In den neunziger Jahren freundete sich mein Kollege und Freund Gus Russo mit ihm an.

»Eines Tages«, so erinnert sich Gus, »erzählte er mir dann von seiner Ermittlung in Mexico City. Er habe herausgefunden, dass an Kennedys Todestag ein hoher Offizier der kubanischen Staatssicherheit in Dallas war. An den Namen konnte sich Underwood nicht mehr erinnern. Monate später war er in seinem Elternhaus in Iowa, wo er seine Papiere noch einmal durchsah. Er schickte mir eine Ansichtskarte, auf der stand: Der Name ist Escalante. Es kostete mich dann noch einmal so viel Überredungskunst, bis Marty mir seine Aufzeichnungen zeigte, die er damals nur für Johnsons Augen gemacht hatte. Ich versprach ihm hoch und heilig, sie nicht zu verwenden, solange er lebt.« (69)

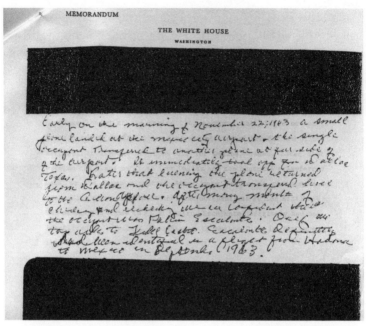

MEMORANDUM

THE WHITE HOUSE
WASHINGTON

61 Martin Underwoods Notiz zu Escalantes Geheimflug nach Dallas

Martin Underwood starb am 18. März 2003 in Baltimore. Damit ist die Schweigevereinbarung mit ihm hinfällig geworden und wir dürfen die handschriftlichen Aufzeichnungen über den geheimnisvollen Flug verwenden. Es sind Notizen aus dem Gespräch, das Underwood in Mexiko mit dem CIA-Stationschef Win Scott geführt hat. Scott war seit seiner Schulzeit mit Underwood befreundet und packte ihm gegenüber aus. Das meiste hat Martin Underwood in diesem Gesprächsprotokoll geschwärzt, nur einige Zeilen sind zu lesen. Er selbst hat seine handschriftlichen Aufzeichnungen auch in Maschinenschrift transkribiert und mit einem Datum versehen: März 1968. Martin Underwood hat Gus Russo gegenüber für die Echtheit der uns überlassenen Kopie garantiert. Hier der Wortlaut:

»Am frühen Morgen des 22. November 1963 landete ein kleines kubanisches Flugzeug auf dem Flughafen von Mexico City.

62 Präsident Johnson mit Martin Underwood 1968

Der einzige Passagier stieg in ein anderes Flugzeug um, das ganz am Ende des Flughafens wartete. Es flog sofort nach Dallas. Am Abend dieses Tages kehrte das Flugzeug aus Dallas zurück und der Passagier stieg wieder in das kubanische Flugzeug ein. Nach vielen Monaten von Recherchen und Gegenchecks sind wir sicher, dass der Name des Passagiers Fabian Escalante ist, ein enger Mitarbeiter Fidel Castros. Escalante ist ebenfalls auf einem Flug von Havanna nach Mexico City im September 1963 identifiziert worden.«

Was sagt der Passagier, Brigadegeneral Fabian Escalante, selbst zu diesem ungewöhnlichen Flug nach Dallas? Die Frage habe ich mir bei dem Interview in Havanna bis zum Schluss aufgehoben. Er reagiert unerwartet, so als ob er nicht verstanden hätte:

»Das ist ein Gerücht, ich war in meinem ganzen Leben nicht in Mexiko.«

Ich weise ihn darauf hin, dass es diesmal nicht nur um Mexiko geht, sondern um seinen Flug nach Dallas. Escalante hat sich inzwischen gefangen und bringt sein Standardargument für Notfälle zum Einsatz:

»Wer sagt Ihnen, dass dieses Dokument echt ist? Es ist gefälscht worden, um uns den Mord an Kennedy anzuhängen.«

»Wenn dem so ist, warum hat die Regierung der USA diese falsche Spur, die nach Kuba gelegt wurde, nie genutzt, um Kuba des Mordes zu beschuldigen?«

»Sie wurde genutzt. In den ersten Tagen nach dem Attentat gab es in den USA eine regelrechte Hetzkampagne gegen Kuba. Doch von einem Tag auf den anderen war damit Schluss. Den Grund kenne ich auch nicht. Fragen Sie Präsident Johnson. Es war seine Entscheidung. Wahrscheinlich hatte er politische Gründe dafür.«

»Wollte er einen Atomkrieg verhindern?«

»Vielleicht.«

Das Interview dreht sich im Kreis, vier Stunden lang. Zwischendurch fällt die Klimaanlage aus, durch die Fensterritzen wabert die 44 Grad heiße und feuchte subtropische Luft und dem Brigadegeneral treten Schweißperlen auf die Stirn. Aber er steht das Interview sportlich durch. Beim Abschied schenkt er mir noch ein Exemplar seines Standardwerkes *Das Komplott* und schreibt als Widmung das ironische Lob hinein: »Für Wilfried, der mich vier Stunden lang zum Schwitzen gebracht hat.«

Er wirkt jetzt doch ein wenige müde und verlässt die Arena ohne Triumph.

Was wollte Escalante in Dallas? Möglicherweise war er nur da, um die Ereignisse zu beobachten; oder wollte er Lee Harvey Oswald nach erfolgreicher Mission in Sicherheit bringen? Für diese Annahme gibt es ein paar Indizien: Nach seinen Schüssen auf Präsident Kennedy flüchtete Oswald im Schutz der Tumulte rund um das Schulbuchlager in seine Wohnung in die North Beckley Street 1026. Dort zog er sich schnell um, steckte seine

Pistole ein und ging zur nächsten Bushaltestelle. Von dort fuhr eine Linie direkt zum Redbird Airport. Aber das kann purer Zufall sein.

Wir werden nicht mehr erfahren, wo Oswald hinwollte, denn in der 10th Street geriet er ins Visier des Streifenpolizisten D. J. Tippit, der sich zu einer Routineüberprüfung entschloss, als er den hastig gehenden Mann bemerkte. Tippit stoppte seinen Patrouillenwagen und bat Oswald um seine Papiere. Doch statt seines Ausweises zückte Oswald den Revolver und erschoss den ahnungslosen Polizisten. Danach flüchtete er ins nahe gelegene Kino *Texas Theater*, wo er wenig später verhaftet wurde.

Zur gleichen Zeit, als die Maschine mit Fabian Escalante an Bord vom Redbird Airport abhebt, werden wenige Meilen davon entfernt auf dem Lovefield Airport die Triebwerke der Präsidentenmaschine angelassen. In größter Eile ist der Sarg mit der Leiche Präsident Kennedys an Bord gebracht worden. Die Security-Agenten haben den toten Präsidenten aus dem Parkland Hospital entführt – gegen den Protest der örtlichen Polizei und eines Friedensrichters, der darauf besteht, dass die Autopsie und die Mordermittlungen in Texas stattfinden müssen. Die Entfernung der Leiche sei illegal. Doch da Jackie Kennedy sich weigert, ihren toten Mann in Dallas zurückzulassen, gibt Johnson schließlich den Befehl, den toten Präsidenten in einen Sarg zu legen und mitzunehmen, notfalls unter Einsatz von Gewalt.

Bevor das Flugzeug startet, leistet Johnson den Amtseid als neuer Präsident. Neben ihm im blutverschmierten Kleid Jackie Kennedy. Niemand weiß zu diesem Zeitpunkt, was los ist und wer hinter dem Attentat steckt. Johnson fürchtet eine weitreichende Verschwörung. FBI-Supervisor Laurence Keenan erinnert sich, dass die politische Führung der USA an diesem Tag vollkommen orientierungslos war: »Johnson fürchtete um sein eigenes Leben. Wir wussten nicht, was ihm bevorstand und wie weit die Verschwörung ging. Er war entschlossen, es nicht zum

Krieg kommen zu lassen. In den ersten 24 Stunden seiner Amtszeit wurde er von unseren Versuchen unterrichtet, Fidel Castro zu ermorden und auch von der Tatsache, dass Fidel Castro davon Wind bekommen hatte. Und Johnson war klar, dass Fidel die Fähigkeit besaß, solch einen Mord auszuführen. Alles, was er dann tat, war das Ergebnis kühler Abwägung. Er wollte nicht, dass die Dinge außer Kontrolle gerieten.«

Um 16 Uhr, die Maschine mit Johnson und der Leiche Kennedys sind noch in der Luft, erklärt FBI-Chef Hoover in Washington, der Fall sei gelöst: Lee Harvey Oswald ist als Täter überführt. Ein Einzeltäter ohne Kontakte zu einer wie auch immer gearteten Verschwörung. Zu diesem Zeitpunkt ist Oswald noch nicht einmal des Mordes angeklagt und das Verhör mit ihm hat gerade erst begonnen. Hoover ist sich sicher, dass er dem Land mit seiner Aussage einen großen Dienst leistete.

Nach der Landung der Präsidentenmaschine in Washington kurz nach 17 Uhr geschieht etwas, über das sich Alexander Haig, damals Stabsoffizier im Pentagon, wundert. Der neue Präsident ruft die geheime Kuba-Koordinationsgruppe zu einer dringenden Sitzung zusammen. Haig erinnert sich:

»Gleich nachdem Lyndon B. Johnson aus Dallas zurückgekehrt war, rief er die Kuba-Koordinationsgruppe zu einer Sitzung zusammen. Ins Pentagon. Auch das war unüblich. Es ging dabei um unseren geheimen Krieg gegen Kuba und seine Konsequenzen. In dieser Sitzung sagte Johnson, wir dürften nicht zulassen, dass das amerikanische Volk glaubt, Fidel Castro habe unseren Präsidenten getötet. Denn dann würde es in Amerika einen rechten Volksaufstand geben und die demokratische Partei würde die Macht für einen Zeitraum von zwei Generationen verlieren.

Johnson war davon überzeugt, dass Castro hinter dem Mord an Kennedy steckte. In den letzten Jahren seines Lebens war ich mit ihm befreundet und er hat mir oft gesagt: ›Kennedy wollte Castro erledigen, aber Castro erwischte ihn zuerst.‹«

»Haben Sie ihn gefragt, woher er das wusste?«

»Er hat es mir nicht verraten und auch sonst niemandem. Er nahm sein Geheimnis mit ins Grab.«

General Haig zögert, doch am Ende des Gespräches entschließt er sich, noch eine kleine Geschichte aus der Schatzkiste seiner Erinnerungen preiszugeben: »Alles, was auf Oswalds Reise nach Mexiko passierte, ist vertuscht worden. Ich erinnere mich daran, dass es am folgenden Tag zu einer weiteren Sitzung mit Johnson kam. Während der Sitzung bekam ich einen Geheimdienstbericht, in dem stand, dass Lee Harvey Oswald nicht nur nach Mexiko gereist war, was wir ja schon wussten, sondern auch nach Kuba. Dort war er mit Offizieren der kubanischen Staatssicherheit gesehen worden. Die Angaben von Zeit und Ort waren sehr präzise. Mir war klar: Dieses Dokument konnte nur in meine Hände gelangt sein, weil seine Plausibilität vorher überprüft worden war. Es war also sehr ernst zu nehmen. Ich informierte sofort die Runde, aber einer der Anwesenden – ich weiß nicht mehr wer, vielleicht Johnson oder McNamara, sagte: ›Al, von diesem Augenblick an vergisst du diesen Bericht. Du hast ihn nie gesehen.‹«

Der General sieht meinem erschrockenen Gesicht an, dass die Information mich schockiert und lacht amüsiert: »Ich bin jetzt alt genug, um ein paar Dinge zu erzählen.« Ich nutze die Gunst der Stunde und frage nach seiner Meinung über die Warren-Kommission, die von Präsident Johnson eingesetzt wurde, um das Verbrechen aufzuklären. An ihrer Spitze stand Bundesrichter Earl Warren, ein Mann von untadeligem Ruf. Die Warren-Kommission hätte doch die Vertuschung der Spuren nach Havanna bemerken müssen.

»Earl Warren wollte den Job auf keinen Fall machen. Lyndon hat ihn dazu gezwungen. Er hat ihm am Telefon gedroht, dass es Krieg geben würde, sollte er es nicht tun. Es sei seine vaterländische Pflicht.«

Jetzt hat sich der General in Rage geredet und stürzt die Warren-Kommission vom historischen Sockel der Unfehlbarkeit:

»In der Kommission waren lauter hervorragende und ehrenwerte Leute, niemand würde ihr Urteil anzweifeln. Aber sie waren Teil einer Show für die Öffentlichkeit. Die wichtigste Tatsache wurde ihr und dem amerikanischen Volk verschwiegen, dass nämlich eine geheime Gruppe unter der Leitung des Präsidentenbruders die Ermordung Castros geplant hatte. Das musste vertuscht werden. Man wollte den Ruf des toten Präsidenten und den seines von Trauer gezeichneten Bruders gegen den schrecklichen Verdacht schützen, dass Castro in einem Akt der Selbstverteidigung gehandelt hatte.«

Haigs Schlussfolgerung bedeutet im Klartext, dass Oswalds Mission ein voller Erfolg war: Sie rettete Castros Haut und Kennedy war tot. Das Blut an den Händen der kubanischen Staatssicherheit blieb unsichtbar. Die Vertuschung der Hintergründe des Verbrechens konnte Kuba getrost den USA überlassen. Nicht

63 Jaqueline Kennedy mit Kindern und Robert Kennedy auf dem Weg zur Beerdigung von John F. Kennedy

zuletzt führte Oswalds Mission dazu, dass der verdeckte Krieg gegen Kuba eingestellt wurde. Johnson selbst teilte das den exilkubanischen Kommandeuren Anfang 1964 mit. Einige von ihnen weinten bei dieser Nachricht.

Lee Harvey Oswald hat nach dem 22. November nur noch zwei Tage zu leben, in denen er seinen Triumph genießen kann. Er wirkt in dieser Zeit gelöst und stolz. Ein Mann, der seine Mission erfüllt hat. Er hat es geschafft, den Führer der Weltrevolution zu retten. Der Mord an Kennedy ist für ihn ein gerechter Mord in einem gerechten Krieg. Er spricht mit niemandem über seine Heldentat. Keiner dringt mehr zu ihm durch, auch sein Bruder Robert nicht, der ihm von allen Menschen sicherlich am nächsten steht. Robert besucht Lee in seiner Zelle, einen Tag bevor er durch den Schuss von Jack Ruby stirbt.

Oswald wirkt während des Gespräches stoisch und abweisend. Robert fragt, was in ihn gefahren sei und sieht ihm dabei prüfend in die Augen. Oswald hält dem Blick stand und sagt ganz ruhig: »Bruder, dort wirst du nichts finden.« (70)

Oswald ist der banalen Welt von Dallas schon entrückt. Sein Platz ist in Havanna. Auf der Ehrentribüne am Platz der Revolution. Ihm entgegen flattert ein Meer aus roten Fahnen.

Hatten Oswalds Auftraggeber in Havanna einen Plan, was nach dem Attentat mit ihm geschehen sollte? Oscar Marino bleibt bei seiner Antwort vage: »Wir haben ihm nicht viel versprochen, nur die kubanische Staatsbürgerschaft und ein paar andere Dinge, über die ich aber nicht reden möchte.«

Wir sitzen auf der Terrasse des Hotels *Majestic*. Unten auf dem riesigen und kahlen *Zócalo* hocken ein paar Bauern aus der Provinz Chiapas vor ihren löchrigen Zelten. Sie sind seit Tagen hier, um gegen ihr Elend zu protestieren und singen einen dumpfen und monotonen Protest, begleitet von einer einsamen Trommel. Lee Harvey Oswald hätte auf ihrer Seite gestanden. Er war bereit, für die Sache der sozialen Revolution in den Tod zu gehen. Der kubanische Geheimdienst, der vorgab, ein Organ der Welt-

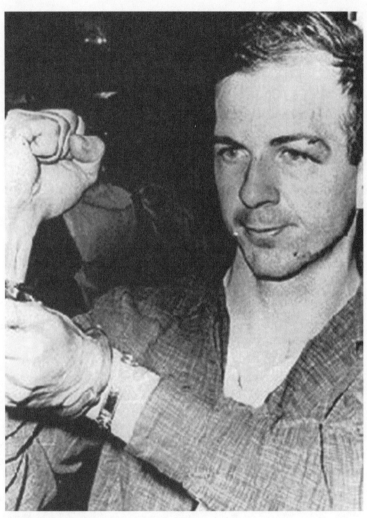

64 Lee Harvey Oswald

revolution zu sein, machte sich Oswalds Verzweiflung über den Zustand der Welt zunutze. Oscar Marino zieht das Resümee aus der Perspektive Kubas: »Er wollte unbedingt Soldat der Revolution werden. Und wir haben ihn benutzt. Soweit ich weiß, gab es keinen Plan, ihn nach der Erfüllung der Mission zu retten. Das zeigt, wie zurückhaltend die G-2 sich Oswald gegenüber verhielt. Die Versprechungen, die wir ihm machten, verwehten im Wind.«

Wir schweigen unter den kalten Sternen Mexikos. Zu sagen gibt es nicht mehr viel. Was nicht heißt, dass ich nicht noch viele Fragen hätte. Aber Oscar Marino hat genug gesagt: »Mehr kann ich nicht hinzufügen. Ich will nur noch meine Ruhe finden – und das ist schwer genug. Es wird nie ein ganz normales Leben für mich geben.«

»Haben Sie Angst?«

»Angst nicht mehr, aber das Gefühl einer tiefen Unsicherheit.«

Nach diesem Abend werde ich ihn nicht wiedertreffen. Der Kontakt bricht ab, seine Telefonleitungen sind nach diesem Gespräch tot. Hat er Schwierigkeiten bekommen? Doch nach Monaten der Ungewissheit schickt er mir eine erlösende E-Mail: »Alles in Ordnung. Ich bereue es nicht.«

Sam Halpern, der CIA-Mann, der Castro im Auftrag von Robert Kennedy beseitigen sollte und dafür unter anderem die Idee mit dem vergifteten Kugelschreiber entwickelte, ist ein paar Monate nach unserem Interview gestorben – eines natürlichen Todes. Er soll in dieser traurigen Geschichte vom Tod des Präsidenten das letzte Wort haben. Am Ende meines Besuches in seinem Haus in West Virginia erzählte er die rührende Geschichte von seinem persönlichen Happy End mit Fidel Castro. Der ehemalige Todfeind hatte ihn vor wenigen Jahren zu einer Konferenz über die Geschichte der Raketenkrise eingeladen: »Ich flog nach Havanna – ohne Angst. Fidel würde mir nichts tun, obwohl er genau wusste, dass ich versucht hatte, ihn umzubringen. Er wusste über all unsere Aktionen gegen ihn Bescheid. Nebenbei gesagt: Fidel ist ein netter Kerl. Er hat mir keinerlei Vorwürfe gemacht. Im Gegenteil, er machte Witze über unsere Versuche, ihn umzubringen. Wir haben zusammen getrunken und zusammen das Brot gebrochen. Sein Geheimdienstmann war auch dabei, Escalante. Er sagte: ›Sie sind Profi, ich bin Profi. Wir reden nur übers Geschäft.‹ Wir hatten viel Spaß zusammen. Fidel war einfach besser. Er hat gewonnen, und wir haben verloren.«

Anmerkungen

1. Diese seltsame Zickzackbewegung brachte dem Geschoss den Namen »magische Kugel« ein. Doch ihre Bahn verdankte sie keinem Wunder. Spätere ballistische Tests zeigten: Wenn eine Kugel dieser Bauart, abgefeuert aus einem Mannlicher-Carcano-Gewehr, auf verschieden dichte Gewebe trifft, ist dieses Trudelverhalten normal und nicht die Ausnahme. Siehe auch: Gerald Posner, *Case Closed*, New York 1993. Das Buch bietet immer noch die beste Analyse des Mordes und der anschließenden kriminaltechnischen Ermittlungen. Es liefert den überzeugenden Beweis, dass Oswald der einzige Schütze war.
2. CIA-Telegramm vom 20. 12. 1963 zitiert in Hosty, James P., *Assignment: Oswald*, New York 1996, S. 318
3. Brief Pedro Gutiérrez Valencia in: National Archives, Kennedy Assassination Collection, FBI record number 124-10029-10245
4. Warren Commission Hearings, Bd XXIV, Siegel Exhibit 2121, Washington 1964 (Die 26 von der Warren Kommission veröffentlichten Bände sind komplett digitalisiert einzusehen unter folgender Web-Adresse: www.history-matters.com/archive/jfk/wc/contents)
5. National Archives, JFK Collection, HSCA (House Select Committee on Political Assassination), record number 180-10131-10396 (tape Z-25)
6. Über die Männerfreundschaft Castro – Gutiérrez findet sich eine Beschreibung in der Zeitschrift *La Crisis*: Mauricio Laguna Bérber: »Gutiérrez Barrios, siniestra leyenda política«, in: http://www.lacrisis.com.mx/especial300403.htm

7. Der FBI-Bericht von »Solo Source« (Jack Childs) ist zu finden in Hosty, S. 267 f.

8. Anruf Dorticos vom 26. 11. 1963 auf Tonträger, National Archives, Tondokument 263, JFK 120

9. Archivo General de la Nación, Asunto, México: Lee Harvey Oswald/Silvia Tirado de Durán, 36-69-63

10. Warren Commission Hearings, Bd XXI, Siegel Exhibit 2, S. 497

11. Mailer, Norman, *Oswalds Geschichte: Ein amerikanisches Trauma,* München 1995, S. 312 f.

12. Nelson Delgado, Warren Commission Hearings, Bd VIII, Zeugenaussage, S. 240

13. Warren Commission Hearings, Bd VIII, Zeugenaussage, S. 297 f.

14. Oswald, Lee Harvey, Tagebuch, Warren Commission, Bd XVI, Exhibit 24, S. 94

15. McMillan, Priscilla Johnson, *Marina and Lee,* New York 1977, S. 127

16. Warren Commission Hearings, Bd XVI, Exhibit 301, S. 833

17. Lee Harvey Oswalds Schiffstagebuch, Warren Commission, Hearings, Bd XVI, Exhibit 25, S. 113 ff.

18. Fursenko, Aleksander und Naftali, Timothy, *One Hell of a Gamble: The Secret Story of the Cuban Missile Crisis, New York 1998.* Hervorragende Darstellung des Verhältnisses zwischen Kuba und der Sowjetunion, basiert auf der Auswertung der Archive des Politbüros der KPDSU, des Auslandsgeheimdienstes SVR und des Militärgeheimdienstes GRU

19. Mailer, S. 361 f.

20. Kennedy, John F.: »The Strategy of Peace«, zitiert nach Schlesinger, Arthur, *A Thousand Days: John F. Kennedy in the White House,* New York 2002 ([1]1965) S. 223 f.

21. Wahlrede von John F. Kennedy, gehalten am 18. 10. 1960 in Tampa, Florida, in Kennedy, John F., *Let the World Go*

Forth: The Speeches, Statements and Writings of John F. Kennedy 1947–1963, New York 1988, S. 109–117

22. Fursenko und Naftali, S. 98
23. Diese Angaben über das Verhältnis der Castro-Brüder beruhen auf der Auswertung bislang unbekannter Akten der KPDSU und des sowjetischen Auslandsgeheimdienstes GRU durch Fursenko und Naftali
24. Aleksander Alekseev, Bericht vom 19. 11. 1960, Akte 86447, Bd.2, S. 315–317, zitiert nach Fursenko, S. 71
25. Die Begegnung mit Che Guevara wird von Richard Goodwin selbst erzählt in dem Artikel »Cigars & Che & JFK« in: Cigaraficionado, 3/ 1996 26. Schlesinger, S. 795
27. Russo, Gus, Live by the Sword: The Secret War Against Castro and the Death of JFK, Baltimore 1998, S. 23
28. Special Group Memo, 20. Februar 1962, zitiert in: Russo, S. 44
29. Fursenko, S. 141
30. Fursenko, S. 272
31. Beschloss, Michael R., JFK: Die Kennedy-Jahre, Düsseldorf 1993, S. 537
32. Beschloss, JFK: Die Kennedy-Jahre, S. 531
33. Fursenko, S. 292
34. Fursenko, S. 305 f.
35. Antulio Ramírez, El infierno al rojo vivo de Castro, S. 167 Manuskript im National Archive, JFK Collection, HSCA record number 180-10073-10148
36. Bericht des Untersuchungsausschusses HSCA, Washington 1979, S. 121 unter: www.archives.gov/research/JFK/select-committee-report
37. Einschätzung des Informationsgehalts im Manuskript von Mr. Antulio Ramirez Ortiz, 25. 3. 1978, National Archives, JFK Collection, CIA record number 104-100066-10147,
38. Bericht des Untersuchungsausschusses HSCA, Washington 1979, S. 129

39. Protokoll der HSCA-Vernehmung mit Fidel Castro unter http://jfkassassination.net/russ/jfkinfo/castro.htm
40. Escalante, Fabian, *1963: El complot*, Melbourne, New York, Havanna 2004, S. 153 ff.
41. Angaben zur Biografie Rolando Cubelas in: National Archives, JFK Collection, CIA record number 104-10103-10267 und in Escalante, Fabian
42. Epstein, Edward Jay, *Legend: The Secret Life of Lee Harvey Oswald*, New York 1978, S. 212
43. Epstein, S. 212 f.
44. Robert Fitzgerald Kennedy, zitiert nach Russo, S. 157
45. Warren Commission Hearings, Bd. XVII, Exhibit, S. 88
46. McMillan, S. 351
47. Lee Harvey Oswald, Radio Interview vom 17. 8. 1963 im Sender WDSU. JFK Assassination Oswald tapes and acoustic evidence unter www.geocities.com/jfk.docs
48. Zitiert auf der Web-Site von *Frontline:* »Who was Lee Harvey Oswald?« unter http://www.pbs.org/wgbh/pages/frontline/shows/oswald/cron
49. McMillan, S. 356 f.
50. McMillan, S. 362
51. John F. Kennedy, Friedensrede unter www.archive.org/details/jfks19630610
52. Beschloss, Michael, *The Crisis Years: Kennedy and Krushchev, 1960–1963*, New York 1991, S. 638–639
53. Russo, S. 172
54. Evan, Thomas, *Robert Kennedy: His Life*, New York 2000, S. 27
55. zitiert nach Schlesinger, S. 116
56. Russo, S. 176
57. Escalante, S. 51
58. HSCA-Interview mit Castro unter http://jfkassassination.net/russ/jfkinfo/castro.htm
59. Enthalten in einem Bericht der CIA Mexiko an den Direktor

der CIA vom 23. 11. 1963, in National Archives, JFK Collection, CIA record number 104-10103-10267

60. zitiert nach: Russell, Dick, *The Man Who Knew Too Much*, New York 1992, S. 453

61. National Archives, JFK Assassination System, CIA-Dokument vom 1. 6. 1964, CIA record number 104-10422-10396

62. National Archives, JFK Collection, CIA record number 104-10422-10396, attachment D

63. National Archives, JFK Collection, FBI-Memorandum an Mr. Sullivan von Mr. Branigan vom 12. 13. 63 und JFK Assassination System, FBI record number 104-10422-10122

64. Russo, S. 269

65. National Archives, JFK Collection, HSCA, RG 233

66. Kennedy, John F., *Public Papers of the Presidents of the United States: Kennedy*, Washington, 1962, S. 876

67. Sehr detaillierte und authentische Beschreibung von Kennedys letztem Tag in William Manchester, *Der Tod des Präsidenten*, Frankfurt 1967

68. Russo, S. 304, S. 290; Details des Treffens von Cubela und Nestor Sánchez erzählte Rolando Cubela dem Autor bei einem Interview im August 2005

69. Martin Underwood ist als Quelle in der JFK-Forschergemeinschaft umstritten. Aus Gründen der Loyalität gegenüber den Präsidenten Kennedy und Johnson zog er gegenüber dem ARRB (*Assassination Records and Review Board*) einen Teil seiner Aussagen zurück, weil sie gegen seinen Willen vom US-amerikanischen Journalisten Seymour Hersh verwendet worden waren. Der Widerruf bezog sich vor allem auf Aussagen, die er über Kennedys Verhältnis zu Judith Exner gemacht hatte. Allerdings weigerte sich Underwood, den Widerruf auch unter Eid zu leisten. Das hier zitierte Dokument über den Flug Escalantes nach Dallas, das er Gus Russo übergeben hat, ist von ihm selbst im Jahr 1968 kurz nach seiner Ermittlung in Mexico City mit der Hand geschrieben

und dann auf einem offiziellen Papier des Weißen Hauses mit Schreibmaschine transkribiert worden, wiederum von ihm persönlich. An der Echtheit des Dokumentes und an der Wahrhaftigkeit von Underwoods ursprünglicher Aussage gegenüber Gus Russo (mit dem er im Übrigen fünf Jahre lang befreundet war) gibt es keinen vernünftigen Zweifel.

70. Oswald, Robert, *Lee: A Portrait of Lee Harvey Oswald by His Brother*, New York 1967, S. 144

Alle Dokumente aus den National Archives der USA in Maryland können unter den angegebenen Bezeichungen im Internet angefordert werden unter www.archives.gov/research/tools

Literaturauswahl

Beschloss, Michael R.: *JFK: Die Kennedy-Jahre 1960–1963.* Düsseldorf 1993

Beschloss, Michael R.: *Taking Charge: The Johnson White House Tapes 1963–1964.* New York 1997

Dallek, Robert: *John F. Kennedy: Ein unvollendetes Leben.* Frankfurt 2003

Evan, Thomas: *Robert Kennedy: His Life.* New York 2000

Epstein, Edward Jay: *Legend: The Secret World of Lee Harvey Oswald.* New York 1978

Fuentes, Norberto: *Die Autobiographie des Fidel Castro.* München 2006

Haig, Alexander: *Inner Circles: How America Changed the World.* New York 1992

Hosty, James P.: *Assignment: Oswald.* New York 1996

Lechuga, Carlos: *In the Eye of the Storm: Castro, Krushchev, Kennedy and the Missile Crisis.* Melbourne 1995

Mailer, Norman: *Oswalds Geschichte: Ein amerikanisches Trauma.* München 1996

Manchester, William: *Der Tod des Präsidenten.* Frankfurt 1967

McMillan, Priscilla Johnson: *Marina and Lee.* New York 1977

Nechiporenko, Oleg: *Passport to Assassination.* New York 1963

Oswald, Robert Lee: *A Portrait of Lee Harvey Oswald by His Brother.* New York 1967

Posner, Gerald: *Case Closed.* New York 1993

Russo, Gus: *Live by the Sword: The Secret War Against Castro and the Death of JFK.* Baltimore 1998

Summers, Anthony: *Not in Your Lifetime.* New York 1980

Abbildungsnachweis

1 National Archives, USA
2 © Wilfried Huismann
3 National Archives, USA
4 National Archives, USA
5 Privatbesitz James Hosty
6 Archivo General de la Nación, Mexiko
7 National Archives, USA
8 © Wilfried Huismann
9 © Wilfried Huismann
10 Privatbesitz Helena Paz Garro
11 © Wilfried Huismann
12 National Archives, USA
13 Archivo General de la Nación, Mexiko
14 Archivo General de la Nación, Mexiko
15 National Archives, USA
16 National Archives, USA
17 National Archives, USA
18 National Archives, USA
19 National Archives, USA
20 © Wilfried Huismann
21 National Archives, USA
22 © Wilfried Huismann
23 National Archives, USA
24 © Wilfried Huismann
25 © Lester Cole
26 © Associated Press
27 © Wilfried Huismann
28 © Wilfried Huismann

29 National Archives, USA
30 © Wilfried Huismann
31 © Reinhard Gossmann
32 Privatbesitz Rolando Cubela
33 National Archives, USA
34 National Archives, USA
35 © Wilfried Huismann
36 National Archives, USA
37 John F. Kennedy Library, Boston, USA
38 Privatbesitz Joseph Califano
39 © Wilfried Huismann
40 © Interfoto
41 © WilfriedHuismann
42 © Corbis
43 Privatbesitz Daniel Harker
44 © Wilfried Huismann
45 National Archives, USA
46 Privatbesitz Rolando Cubela
47 Privatbesitz Laurence Keenan
48 © Wilfried Huismann
49 © Wilfried Huismann
50 Privatbesitz Pedro Hiriart
51 Archivo General de la Nación, Mexiko
52 © Reinhard Gossmann
53 © Reinhard Gossmann
54 Archivo General de la Nación, México
55 © Wilfried Huismann
56 © Wilfried Huismann
57 © Reinhard Gossmann
58 © Wilfried Huismann
59 © Wilfried Huismann
60 Privatbesitz Jean Daniel
61 Privatbesitz Martin Underwood
62 Johnson Library, USA

Danksagung

Das Buch und der Dokumentarfilm sind das Ergebnis von drei Jahren intensiver und international vernetzter Recherche. Für ihre großartigen Rechercheleistungen danke ich besonders Gus Russo (Baltimore), Mauricio Laguna Bérber (Mexico City), Konrad Ege (Washington), »Nikolai« (Moskau) und Gabriella Spierer (New York). Bei der Abfassung des Manuskriptes standen mir mit kritischem und ermutigendem Rat zur Seite: Heribert Blondiau, Mina Darbale, Reinhard Gossmann, Felix Rohrbeck und Heike Schumacher.

Die DVD mit dem Dokumentarfilm *Rendezvous mit dem Tod* ist von der ANACONDA INTERNATIONAL FILMS, Bremen, produziert worden und im Buchhandel erhältlich.

Informationen unter: www.anaconda-film.de

Übersetzung des Gedichts von Alan Seeger auf S. 217 aus der Sendung »Rendezvous mit dem Tod« des Westdeutschen Rundfunks

1. Auflage 2006
Copyright © Pendo Verlag GmbH & Co. KG
München und Zürich, 2006
Umschlaggestaltung: form fünf Bremen, Daniel Bastian und
Wiebke Becker, unter Verwendung eines Fotos
von John F. Kennedy von Jacques Lowe und eines Fotos
von Fidel Castro aus den National Archives, USA
Gesetzt aus der Sabon
Satz: Fotosatz Amann, Aichstetten
Druck und Bindung: Druckerei Pustet, Regensburg
Printed in Germany
ISBN 10: 3-86612-095-8
ISBN 13: 978-3-86612-095-2